원하고 행하니
이루어지더라

보경 스님의 〈보현행원품〉 강의

원하고 행하니
이루어지더라

불교시대사

〈보현행원품〉 발간에 즈음하여

"한 아이를 키우는 데는 마을 전체가 필요하다."

두 번째의 원고 교정을 마치던 날, 서울에는 자정이 가까울 무렵부터 눈이 쏟아지기 시작했습니다. 설 연휴 끝 날이라 아직도 고속도로에서 제 속도를 내지 못하고 있을 귀성객들을 생각하면 걱정스런 일이었지만, 유난히 눈이 적은 겨울이라 반가운 기분을 억누르기 어려웠습니다. 그날 밤에 꿈은 없었는데, 드물게도 잠을 설쳤습니다.

서두의 '한 아이를 키우는 데는 마을 전체가 필요하다'는 이 아름다운 말은 뜻밖에도 인디언 오하마족의 격언으로 내려오는 것입니다. 요즘 학교에서는 집단 따돌림과 폭행이 빈번히 자행되고 있고 내 아이와 우리 사회의 문제로 대두되는 실정입니다. 연초, 가족과 함께 인사 온 어린 아이들에게 물어봤

더니 실제로 그렇다고 했습니다. '어쩌다 이 지경이 되었을까?' 하면서도 제 자신 또한 딱히 해답이 떠오르지 않았습니다. 한 아이를 키우는 일은 분명 어렵습니다. 왜냐하면 아이들은 어른들의 본을 받기 때문입니다. 이 문제는 한 가정에 머물지 않고 사회공동체가 함께 노력해야 한다는 의미일 것입니다.

불교에서는 '개인'이라는 개념은 거의 언급되지 않습니다. 대신 대중과 공동체, 그리고 다수가 살아가는 도량을 함께 가꿔나가는 정신을 더 소중히 생각합니다. 깨달음은 개인의 능력이지만, 그보다 더 중요한 것은 더불어 살아가는 자세입니다. 그래서 출가대중을 "승가(僧伽)"라 합니다. 부처님은 당신의 제자들을 부를 때 '벗'이라는 표현을 자주 쓰셨습니다. 좋은 세상은 좋은 사람들이 만들어간다는 선언으로 기억해도 좋겠습니다. 보현보살이 세운 열 가지 원을 실천하는 사람을 "보현행자"라고 부르기도 하는데, 이웃을 행복의 길로 이끄는 것은 개인이 속한 공동체가 함께 실현해야 하는 가치이기 때문입니다.

〈보현행원품〉은 《화엄경》에 속해 있습니다. '품(品)'이라는 뜻이 말해주듯 단독으로 분리되어 수지독송되기도 합니다. 그 내용은 보현보살이 세운 열 가지의 발원입니다. 그 원은 중생을 이롭게 하고, 불법을 널리 전하며, 궁극에는 불법의 완성에 이르는 장대한 여정으로 구성되어 있습니다.

〈보현행원품〉은 가장 많이 해설되어 소개된 경전 중의 하나입니다. 그만큼 한국불교 역사에 오래도록 친근하게 사랑받아 왔습니다. 저에게도 이 경전의 은혜가 두터웠던지, 몇 해 전에 전국의 사찰과 포교사를 위한 조계종단의 설법교안지인 《법회와 설법》에 매월 연재했던 것을 이번에 다시 손질하여 세상에 빛을 보게 되었습니다. 본문의 한글해석은 불광사 광덕 큰스님의 번역본을 따랐습니다. 가장 미문이면서 널리 애송되는 까닭에 혼란을 피하기 위해 큰스님 번역본을 의지하였습니다. 감사하게도 출간에 즈음하여 '불광'에 저간의 사정을 말씀드리고 허락을 받아 이루어진 일임을 밝힙니다.

 이 세상의 아름다움에 이 경전이 있었고, 앞으로의 아름다운 세상을 위해서도 이 경전의 영원함을 발원합니다.

임진년(2012) 새해
삼각산 일로향실에서 보경 합장

목차

〈보현행원품〉 발간에 즈음하여 ... 5

1. 서분(序分) ... 13

2. 예경제불원(禮敬諸佛願) ... 29
　　모든 부처님께 예경합니다

3. 칭찬여래원(稱讚如來願) ... 45
　　여래의 공덕을 찬탄합니다

4. 광수공양원(廣修供養願) ... 61
　　널리 공양을 수행합니다

5. 참회업장원(懺悔業障願) ... 77
　　모든 업장을 참회합니다

6. 수희공덕원(隨喜功德願) ... 95
　　남의 공덕을 기뻐합니다

7. 청전법륜원(請轉法輪願) ... 109
　　설법해 주시기를 청합니다

8. 청불주세원(請佛住世願)　　　... 127
부처님께서 세상에 오래 계시기를 청합니다

9. 상수불학원(常隨佛學願)　　　... 143
부처님을 본받아 배우겠습니다

10. 항순중생원(恒順衆生願)　　　... 159
항상 중생을 따라 순응하겠습니다

11. 보개회향원(普皆廻向願)　　　... 175
널리 회향합니다

12. 총결분(總結分)　　　... 191

13. 중송분(重頌分)　　　... 207

1
서분 序分

서분序分

―

그때에 보현보살마하살이
부처님의 수승하신 공덕을 찬탄하고 나서
여러 보살과 선재동자에게 말씀하시었다.

"선남자여,
여래의 공덕은 시방에 계시는 모든 부처님께서
불가설 불가설 부처님세계의 아주 작은 티끌 수만큼
많은 겁을 계속하여 말씀하실지라도
끝까지 다하지는 못하실 것이니
만일 그와 같은 공덕을 성취하려거든
마땅히 열 가지 넓고 큰 행원을 닦아야 하느니라.

열 가지 원이란 무엇인가?

첫째는 모든 부처님께 예배하고 공경하는 것이요,

둘째는 부처님을 찬탄하는 것이요,

셋째는 널리 공양하는 것이요,

넷째는 업장을 참회하는 것이요,

다섯째는 남이 짓는 공덕을 함께 기뻐하는 것이요,

여섯째는 설법하여 주시기를 청하는 것이요,

일곱째는 부처님께 이 세상에 오래 계시기를 청하는 것이요,

여덟째는 항상 부처님을 본받아 배우는 것이요,

아홉째는 항상 중생의 뜻에 수순함이요,

열째는 지은 바 모든 공덕을 널리 회향하는 것이니라.

爾時에 普賢菩薩摩訶薩이 稱歎如來 勝功德已하시고 告諸菩薩과 及善財言하사대 善男子야 如來功德은 假使 十方一切諸佛이 經不可說不可說 佛刹極微塵數劫토록 相續演說하야도 不可窮盡이니라 若欲成就 此功德門인댄 應修十種 廣大行願이니라. 何等이 爲十고 一者는 禮敬諸佛이요 二者는 稱讚如來요 三者는 廣修供養이요 四者는 懺除業障이요 五者는 隨喜功德이요 六者는 請轉法輪이요 七者는 請佛住世요 八者는 常隨佛學이요 九者는 恒順衆生이요 十者는 普皆回向이니라.

1) 법문에 들어가며

부처님께서 열반에 드시면서 하신 유훈은 "대중과 화합하며, 방일하지 말고 부지런히 정진하라"는 말씀이었습니다. 대중의 화합은 승단이 존속하는 요건이고, 정진은 개인의 향상에 중요한 것입니다. 그리고 이 모든 것은 중생을 구제하기 위함입니다. 그래서 불교의 정신을 "상구보리(上求菩提) 하화중생(下化衆生)"으로 압축할 수 있습니다. '위로는 지혜[보리]를 구하고, 아래로는 중생을 구제하는 것'입니다. 이 둘은 새의 두 날개와 같고 수레의 양쪽 바퀴와 같아서 둘이 한 차원에서 이뤄집니다.

공자도 《논어(論語)》의 첫 머리인 〈학이(學而)〉 편의 시작을 "배우고 때때로 익히니, 기쁘지 아니한가!(학이시습지 불역열호學而時習之 不亦說乎)"로 했습니다. 이것은 여러 가지로 풀어볼 수 있습니다. 배움에는 '때'가 있다는 뜻과 공부의 묘는 '반복'에 있다는 의미까지 포함됩니다. 시간은 흐르기 때문에 기회가 왔을 때 붙잡지 않으면 다시 만나기 어렵기 때문입니다. '습(習)'은 '깃 우(羽)'와 '흰 백(白)'으로 이뤄진 글자입니다. 알에서 깨어난 새는 하늘을 한 번도 날아본 적이 없습니다. 여기서 '하얗다'는 것은 허공을 날아본 경험이 없어서 그 방법을 전혀 모르기 때문에 '날아다니는 것'에는 '백지' 상태라는 뜻입니다. 새는 하늘을 날기 위해 부단히 날개를 움직이며 연습을 합니다. 결국 '반복'인데, 여기에 공부의 묘가 있습니다.

이 〈보현행원품〉을 통해서 불법을 공부해가는 소중한 시간이 되시기 바랍니다.

2) 경의 제목과 구성

〈보현행원품〉의 완전한 이름은 〈대방광불화엄경 입부사의해탈경계 보현행원품(大方廣佛華嚴經 入不思議解脫境界 普賢行願品)〉입니다. 이는 '《대방광불화엄경》 가운데 붓다의 불가사의한 해탈의 세계에 들어가도록 하는 보현보살의 행원을 설한 품'이라고 해석할 수 있습니다. 〈보현행원품〉의 핵심 내용이 경전 이름에서 모두 표현되고 있습니다.

〈보현행원품〉은 《40권본 화엄경》, 《60권본 화엄경》, 《80권본 화엄경》 등 세 가지 종류 《화엄경》의 맨 끝 부분에 해당합니다. 《화엄경》의 대단원을 구성하고 있는 만큼 그 내용도 《화엄경》의 핵심을 기술하고 있습니다. 그래서 〈보현행원품〉은 방대한 《화엄경》에서 따로 떨어져 나와 별행본으로 유포되어 널리 수지 독송되기도 합니다.

3) 《화엄경》이란

(1) 《화엄경》이 설해진 배경

부처님께서 니련선하에서 목욕을 하신 후 지금의 보드가야대탑이 있는 보리수 아래에서 정각을 이루시고 삼매에 들어 깨달음의 내용을 살펴보았습니다. '과연 이제부터 설하는 모든 법을 중생들이 알아들을 수 있을까?' 그렇게 망설이는 사이에 다시 마구니들이 나타나 부처님께 그냥 열반에 드시라고 유혹합니다. 그러나 부처님은 생각 끝에 중생들을 위한 법을 설하기로 결심하고, 제일 먼저 21일 동안 《화엄경》을 설합니다. 해인

삼매에 들어 문수보살, 보현보살과 같은 상근기의 보살들에게 깨달음의 내용을 설명한 것입니다. 따라서 《화엄경》은 부처님께서 일곱 군데에서 아홉 번에 걸쳐 설하신 경전으로 분량은 39품입니다.

(2) 구성

《화엄경》은 방대한 경전입니다. 그 번역본도 세 종류가 있습니다. 하나는 40권 화엄으로 반야 당나라 반야삼장에 의해 번역된(795~798) 것입니다. 둘째는 중국 동진시대에 불타발타라가 번역한(418~420) 60권 화엄이고, 셋째가 당나라 실차난타가 번역한(695~699) 80권 화엄입니다. 살차난타는 열반(710년 10월. 59세)했을 때 혀만 타지 않아 고국인 우전국으로 보내 화엄삼장탑(華嚴三藏塔)이라는 7층탑이 세워졌습니다. 이 경전의 번역에는 측천무후의 전폭적인 지원 속에 이뤄졌습니다. 특이한 것은 여러 종류의 《화엄경》이 모두 사막의 오아시스였던 우전국에서 발견되었다는 것입니다.

(3) 《대방광불화엄경》이란

한국불교에서는 〈약찬게〉 기도를 많이 합니다. 저희 절에서도 항상 신중단을 향해 기도를 올립니다. 《화엄경》은 《대방광불화엄경》을 줄인 제목입니다. 이 제목을 풀어보면 훨씬 쉽게 이해가 됩니다. 불교에서는 모든 사물에는 구성의 원리가 있다고(체體 · 상相 · 용用) 설명합니다. 이것을 잘 알아야 합니다. 예를 들어 여기 유리병이 있다고 가정하면, 병의 요소는 유리입니다. 유리를 녹여 병 모양이 만들어집니다. 그리고 그 병에 우리는 물을 담거나 꽃을 꽂습니다. 이렇듯 유리로 병을 만들어 생활에 활용을 합니다. 유리-체, 병-상, 꽃병-용이라는 이 세 가지에서 어느 하나라도 빠지면 꽃병으로서 기능을 못합니다. 불교에서는 우주만물의 생성과 작용의 원리를 이렇게 체·상·용으로 봅니다.

대(大)는 그 바탕의 크기를 말합니다. 즉 체(體)입니다. 체는 한 없이 크고 깨끗합니다. '광겸무제(廣兼無際)'로 넓고 넓어 끝이 없다는 말입니다(심지체心之體).

방(方)은 법의 모양입니다. 상(相)으로 그 모양이 '무비방정(無非方正)'이라 하여 바르지 않음이 없다는 뜻이고(심지상心之相),

광(廣)은 '칭체이주(稱體而周)'로 그 몸이 법계에 가득 차지 않음이 없다는 것입니다(심지용心之用).

불(佛)은 '각사현묘(覺斯玄妙)'여서 대방광의 진리를 확실히 깨달아 의심이 없는 것이고(심지과心之果), 우리가 도달할 최후의 경지입니다.

화(華)는 만행으로 얻어진 꽃입니다. 꽃은 결실을 맺는 필요조건입니다. 그래서 성불을 위한 모든 수행과 선행의 근본 인연(因)을 '화(華)'라고 표현한 것입니다.《법화경》에도 '화(華)'가 있습니다(심지인心之因).

엄(嚴)은 인과의 꽃으로 불과(佛果)의 장엄을 말합니다. 무엇으로 장엄하냐면 복과 지혜의 행으로써 행합니다(심지행心之行). '식법성인(飾法成人)'으로 장엄한 법신을 완성했다는 뜻입니다.

경(經)은 '무갈용천(無竭湧泉)'입니다. 끝없이 샘솟는 진리의 물로 중생의 갈증을 없애주고 갈무리 하듯이 경전의 뜻을 펼치는 것입니다(심지전心之詮).

(4) 《화엄경》은 '광명'의 뜻

《법화경》은 법이 근본인데 《화엄경》은 광명(光明)이 주가 됩니다. 《화엄경》의 교주는 비로자나불로써 '빛'을 의미합니다. 이 빛이 우주를 장엄하고 법계를 비추는 것입니다. 우리는 항상 이 빛 속에 존재합니다. 그래서 〈입법계품〉 마지막에 "온 세계 티끌들을 다 헤아리고 바닷물을 다 마시며 허공을 재고 바람을 묶는 재주가 있을지라도 부처님의 공덕은 이루 다 말할 수 없다(찰진신념가수지 대해중수가음진 허공가량풍가계 무능진설불공덕刹盡心念可數知 大海中水可飮盡 虛空可量風可繫 無能盡說佛功德)"고 찬탄하는 게송이 나옵니다.

(5) 크고 아름다워라

다음의 청량국사 징관의 해석을 보면 그 의미를 더욱 명확하게 알 수 있습니다.

대: 허공은 다 헤아려도 마음의 체는 다 헤아릴 수 없으므로 크다
(극허공지가도체무변애대極虛空之可度體無邊涯大)

방: 바닷물은 다 마실지라도 법문은 다함이 없으므로 바르다
(갈창명이가음법문무변방渴滄溟而可飮法門無邊方)

광: 이 세계를 가루로 부순 숫자는 헤아려도 묘한 작용은 헤아릴 수 없다(쇄진찰이가수용무능측광碎塵刹而可數用無能測廣)

불: 깨달음도 떠난 깨달음으로 만법의 그윽한 곳까지 다 비친다
(이각소각랑만법지유수離覺所覺朗萬法之幽邃)

화: 만행의 향기를 펴고 모든 덕이 영화롭게 빛난다

(분부만행영요중덕화芬敷萬行榮耀衆德華)
　엄: 원만한 행과 덕으로 십신을 장식한다
　　　(원자행덕식파십신엄圓玆行德飾彼十身嚴)
　경: 그윽하고 미세한 곳까지 꿰어 빛나는 진리의 묘체를 형성한다
　　　(관섭현묘형성진광지채경貫攝玄妙形成眞光之彩經)

(6) 경의 제목만 외워도 훌륭한 기도다

　절에서 하는 기도는 여러 가지가 있습니다. '관세음보살' 같은 불보살님의 명호를 부르는 방법, '신묘장구 대다라니'나 '능엄신주' 같은 다라니나 진언(眞言)을 외우는 방법, 그리고 《나무묘법연화경》이나 《대방광불화엄경》 같은 경의 제목을 외우는 방법 등이 있습니다. 일본의 일련정종(창가학회)은 1253년 일본의 승려인 니찌렝이 《법화경》의 진리를 터득한 후 바다에서 떠오르는 아침 해를 보고 "남묘호랑게교"라는 주문을 외친 후 창시된 종파입니다. 경전 제목을 한번 외우면 경 전체를 읽는 공덕과 다르지 않다는 믿음을 바탕으로 하고 있습니다.

　신라에는 세 가지 보물이 있었다고 합니다. 그 중 하나가 만파식적(萬波息笛)이라는 피리입니다. 그 실재여부는 다른 차원의 문제이지만, 이 피리는 한우우청(旱雨雨晴, 가뭄에는 비를 내려주고, 비가 오래 내리면 그치게)하는 기이한 신력이 있었습니다. 그러나 아무리 놀라운 힘을 가진 피리라 할지라도 누군가 입으로 불어 소리를 내지 않으면 무용지물입니다. "구슬이 서 말이라도 꿰어야 보배"라는 우리의 속담처럼 말입니다.

여래의 공덕은 시방에 계시는 모든 부처님께서/ 불가설 불가설 부처님세계의 아주 작은 티끌 수만큼/ 많은 겁을 계속하여 말씀하실지라도/ 끝까지 다하지는 못하실 것이니

　　만일 그와 같은 공덕을 성취하려거든/ 마땅히 열 가지 넓고 큰 행원을 닦아야 하느니라.

우리 모두는 보현행자입니다. 보현보살의 원력을 이 땅에 실현하는 불법의 동량이 되어야 합니다. 그런데 불법이 어렵다는 말만 하지 노력은 하려 하지 않습니다. 결국 그 말은 하기 싫다는 것과 다르지 않습니다. 신도들은 두 가지 권리가 있습니다. 하나는 축원 받을 권리, 다른 하나는 법문들을 권리입니다. 인간은 고통을 벗어나고 행복을 원하기 때문에 복을 구합니다. 종교적 행위에 있어 복을 구하는 마음은 본질적인 문제입니다. 흔히 종교를 폄하하여 "기복(祈福)"이라고 합니다. 저는 포교당의 주지를 하면서 신도들에게 오히려 기복을 잊지 말라고 강조합니다. 이 세상에 누구라도 풍족하게 잘 살고 뜻하는 모든 일들이 잘 되기를 바랍니다. 그것이 궁극의 행복이냐는 문제는 우선 욕구가 해결되고 나서의 일입니다. 인간의 의식이 확장될수록 행복에 대한 가치도 달라집니다. 우리는 이미 부족하지 않은 세상에 살아가고 있습니다. 평균적으로 다복한 삶을 살아가고 있는 것입니다. 삶을 향상시키는 진지한 자세의 시작과 끝이 기복입니다. 복이 있으면 어려운 일을 겪지 않습니다. 마음만 먹으면 모든 일이 뜻대로 술술 풀리는 게 복의 힘입니다. 복을 간단히 생각하면 안 됩니다. 인류역사를 통틀어 행복을 꿈꾸지 않는 세상은 없었습니다. 인간의 몸부림이란

게 결국 행복에 대한 열망입니다. 만약 누가 기복한다고 무시할라치면 이렇게 용감하게 말해야 합니다. "당신은 잘 살고 싶지 않나? 난, 누가 뭐래도 기복할 거다."

다만 종교에서 추구하는 행복이 세속의 행복과 다른 점은 자신의 행복을 중생들의 행복을 위해 나누려는 자세 때문입니다. 자리이타의 가장 큰 원력이 바로 이 〈보현행원품〉의 정신이기도 합니다.

이 욕구의 충족에 대한 믿음이 없다면 종교의 필요성을 별로 느끼지 못할 것입니다. 그래서 기도와 축원은 스님들이 반드시 신도를 위해 헌신해야 하는 소중한 가치입니다. 그런데 복을 구하는 행위가 샤머니즘과 다른 이유는 고등종교는 정교한 교설을 가지기 때문입니다. 우리에게는 팔만사천 경전과 수많은 스님들의 어록이 있습니다. 이런 바른 가르침을 듣고 배우지 않으면 각자의 삶이 향상되지 않습니다. 그래서 신도들은 법문을 해달라고 스님들께 졸라야 합니다.

4) 배움에는 황혼이 없다

행복도 배워야 합니다. 배움의 자세에 대한 아름다운 이야기를 하나 소개하겠습니다.
진(晉)나라 평공(平公, 재위: 기원전 558~532) 때의 이야기입니다.
평공이 신하들을 물리치고 난 후 홀로 오후의 한가한 시간을 보내면서 문득 거울을 비춰 보았는데, 귀밑에 흰서리가 가득 내려있었습니다. 새삼스럽기도 하고 산다는 것이 부질없는 일처럼 느껴지기도 했습니다. 주위에 아무도 없는 줄 알았는데 저 멀리 사광(師曠)이 앉아 있었습니다. 사광은 평공의 악사로 앞을 보지 못했습니다. 평공이 사광에게 다가가 넋두리를 했습니다.

"내 나이 일흔이니 공부를 하려 해도 이미 저문 듯하구나."

사광이 말했습니다.

"왜 촛불을 켜지 않으십니까?"

난데없는 사광의 말에 평공은 불쾌했습니다.

"신하인 주제에 감히 임금을 놀리려는 것이냐?"

사광이 대답했습니다.

"저 같은 맹인이 감히 임금님을 놀릴 리 있겠습니까? 신이 듣기론 그렇습니다.

'어려서 공부를 좋아하는 것은 막 떠오르는 해와 같고,

장년에 공부를 좋아하는 것은 중천에 뜬 해와 같고,

노년에 공부를 좋아하는 것은 저녁에 촛불을 밝히는 것과 같다' 고 했습니다. 촛불을 밝히고 가는 것이 어찌 캄캄한 길을 가는 것과 같겠습니까?"

"그렇구나!"

사광의 말에 평공이 느낀 바가 있었습니다.

부처님의 공덕은 이루 헤아릴 수 없기 때문에 무량겁을 지나도록 설법

하실지라도 다함이 없습니다. 우리가 그런 불보살님들의 공덕을 성취하기 위해서는 보현보살의 열 가지 행원을 배우고 따라 해야 합니다.

"푸른 비단 부채에 시원한 바람이 풍족하다(청균선자족풍량靑絹扇子足風凉)"는 말이 있습니다.

옛 사람들은 더운 여름을 부채 하나로 났습니다. 그 부채에서는 한량없는 바람이 나옵니다. 이 샘솟는 바람의 샘처럼, 불법의 광대무변한 바다는 세세생생 마르는 법이 없습니다. 이 부처님의 청량법문을 무량한 중생들에게 회향하는 것이 보현행자의 할 일입니다.

곳곳의 푸른 버들은 나귀를 맬 수 있고
(처처녹양감계마處處綠楊堪繫馬)

집집마다 문 밖은 장안으로 통하도다.
(가가문외통장안家家門外通長安)

장안은 지금의 중국 서안(西安)입니다. 중국 당나라의 수도였습니다. 당시 장안은 서역의 실크로드를 통해 베니스까지 교역이 열려있던 지상 최대의 문화 중심지였습니다. 문화가 꽃을 피울 때는 개방에 대한 자신감이 있습니다. 문화적 우월감이 이런 긍정적인 자세를 갖게 합니다. 반대로 자신감이 없으면 쇄국의 길로 들어갑니다. 근현대의 세계사에서 발전을 이루지 못한 나라는 전부 이런 전철을 밟았습니다. "모든 길은 로마로 통한다"는 말이 있습니다. 로마는 나라를 정복하면 우선 도로부터 닦았습니다. 내가 가기 좋다면 남도 오기 좋습니다. 중국의 장안이나 로마, 중동의 사막 도시들이 과거에 그런 영광을 누렸던 곳입니다. 집집마다 문을 열면 수도로 통할 수 있다는 것은 도시의 활력이 사람들을 모으기 때문입니다. 앞으로 미래는 도시중심의 세계가 됩니다. 자유롭고 풍족한 미래세계의 희망처럼, 보현행자의 큰 원력도 거침없이 펼쳐졌으면 합니다.

2

예경제불원 禮敬諸佛願
모든 부처님께 예경합니다

예경제불원 禮敬諸佛願

모든 부처님께 예경합니다

―

선재동자가 사뢰어 말하였다.
"대성이시여, 어떻게 예배하고 공경하오며, 내지 어떻게 회향하오리까?"
보현보살이 선재동자에게 말씀하셨다.
선남자여,
모든 부처님께 예배하고 공경한다는 것은
진법계·허공계·시방삼세 모든 부처님세계의
아주 작은 티끌 수만큼 많은 부처님들을
보현행원의 힘으로 깊이 믿고 이해하여
눈앞에 계시듯 청정한 몸과 말과 뜻을 다하여
항상 예배하고 공경하되

낱낱 부처님 계신 곳마다 불가설 불가설
부처님세계의 아주 작은 티끌 수만큼
많은 몸을 나타내어 그 한 몸 한 몸이
불가설 불가설 부처님세계의
아주 작은 티끌 수만큼 많은 부처님께
두루 예배하고 공경하는 것이니

허공계가 다 하면 나의 예배하고 공경함도
다하려니와 허공계가 다할 수 없으므로
나의 예배하고 공경함도 다함이 없을 것이니라.

이와 같이 하여
중생계가 다하고
중생의 업이 다하고
중생의 번뇌가 다하면
나의 예배하고 공경함도 다하려니와

중생계 내지 중생의 번뇌가 다함이 없으므로
나의 예배하고 공경함도 다함이 없어
생각 생각 상속하여 끊임없이 예경하건만
몸과 말과 뜻으로 짓는 일에
지치거나 싫어하지 않을 것이니라.

善財가 白言호대, 大聖이시여 云何禮敬하야 乃至回向하리이까
普賢菩薩이 告善財言하였다.

善男子야 言禮敬諸佛者는 所有盡法界虛空界十方三世一切佛刹極微塵數諸佛世尊을 我以普賢行願力故로 深心信解하야 如對目前하야 悉以淸淨身語意業으로 常修禮敬호대 一一佛所에 皆現不可說不可說佛刹極微塵數身하야 一一身으로 徧禮不可說不可說佛刹極微塵數佛이니 虛空界盡하면 我禮乃盡이어니와 以虛空界가 不可盡故로 我此禮敬도 無有窮盡이며 如是乃至衆生界盡하고 衆生業盡하고 衆生煩惱盡하면 我禮乃盡이어니와 而衆生界와 乃至煩惱가 無有盡故로 我此禮敬도 無有窮盡이니 念念相續하야 無有間斷하야 身語意業이 無有疲厭이니라.

―

〈보현행원품〉 서분에 이어 예경제불원(禮敬諸佛願)에 대해 말씀드리겠습니다. 《법화경(法華經)》이나 《화엄경(華嚴經)》을 보면 경의 제목에 '화(華)' 자가 나옵니다. '빛날 화(華)'의 머리는 '풀 초(艹)'이고 몸 부분은 나무에 꽃과 열매가 달린 모양입니다. 자형적 의미는 '나무에 꽃이 피고 열매가 주렁주렁 달리다'가 됩니다. 참고로 풀이 꽃을 피우는 경우는 '꽃 영(榮)' 자를 씁니다. 옛날에는 '화(華)'와 '화(花)'를 같이 쓰기도 했고, 또 한문에서는 음이 같으면 글자를 차용하여 쓰기도 합니다. 그래서 경전에 가끔 '꽃 화(花)'가 '화(華)' 대신 쓰인 것을 볼 수 있습니다.

《열반경(涅槃經)》이나 《관불삼매경(觀佛三昧經)》에 의하면 《화엄경》이 "잡화경(雜花經)"으로 불리기도 합니다. 화엄의 산스크리트어인 '간다뷰하(gandavyuha)'의 '간다'를 '잡화', '뷰하'를 '엄식(嚴飾): 꾸민다'의 뜻으로 옮겼기 때문입니다. 말의 느낌이 그렇지, 저는 이 표현이 오히려 아름답게 여겨집니다. '잡(雜)'은 강인한 생명력을 가진 말입니다. 어디나 널려 있고, 누가 일부러 가꾸지 않아도 상관없이 살아갈 수 있습니다. 어디서나 만날 수 있는 흔하고 넘쳐나는 게 이 글자의 뜻입니다. 《화엄경》은 시간과 공간을 초월한 우리의 본래 청정한 마음을 설하는 경전이기 때문에 우주적이고 보편적이며 웅혼한 정신이 있습니다. 세상의 모든 꽃이 한 곳에 모인 것과 같은 진리의 총집합이고 백화점이라 하겠습니다.

다시 한 번 《화엄경(華嚴經)》을 글자로 풀어 정리해보겠습니다.
'화(華)'는 꽃이 피어서 열매를 맺어가는 시작을 의미합니다. 수행의 결실을 맺는 것이 성불이라면 꽃이 피는 것은 발심으로, 보살이라는 꽃으로 피어나는 것입니다. 이 발심과 보살행의 수행의 때가 화(華)요, 꽃입니다. '심화(心華): 마음의 꽃'입니다. 열매의 원인이고 근거가 됩니다. 그래서 '인(因)'이라 합니다. 절집에서는 초발심(初發心)을 중요시합니다. 처음 시작하는 마음이 결과를 담보하기 때문입니다. '처음 초(初)'자는 '옷 의(衣)'에 '칼 도(刀)'가 더해진 글자입니다. 옷을 만들려면 크기를 잰 후에 재단을 합니다. 재단을 잘못하면 제대로 된 옷을 만들 수 없습니다. 모든 일이란 게 처음도 중요하고 결과도 좋아야 합니다. 그래서 부처님 법문을 "처음도 좋고 중간도 좋고 나중도 좋다"고 합니다. 보통 꽃은 피었다 시들지만 우리 마음에 피어나는 꽃은 절대 시들지 않습니다. 또 마음의 밝고 즐거움이 겉으로 드러나게 되니까 보는 사람도 즐겁고 기쁜 법입니다.

《채근담(菜根譚)》이라는 책에 "군자는 일이 생기면 비로소 마음이 드러나고, 일이 지나고 나면 마음도 따라서 비워진다(군자 사래이심시현 사거이심수공君子 事來而心始現 事去而心隨空)"라는 내용이 나옵니다. 흔히 "일이 생기면 비로소 마음이 드러난다"고 하듯이 공부가 익으면 얼굴에 나타나고 몸에 드러납니다. 그런데 마음에 꽃 하나가 피어났으니 얼마나 경이롭겠습니까?

부처님은 당신의 제자들이 인생의 고통만을 품에 안고 비참하거나 불행한 존재로 살아가기를 원치 않았습니다. 이것은 매우 중요한 문제입니다. 부처님은 고통을 극복하고 행복한 방향으로 가도록 하기 위해 마음은 즐거운 상태를 유지해야 하고, 괴로움의 원인이 되는 탐욕과 어리석음의 본질을 깨달으라고 가르쳤습니다.

한번은 코살라 국왕이 부처님께 이런 말씀을 드린 적이 있습니다.

"앙칼진 얼굴에 거칠고 호감을 주지 않는 다른 집단과 달리, 부처님의 제자들은 즐겁고 의기양양하며 희열에 넘칩니다. 또한 영적인 삶을 즐기고 고요하며, 평화로운 마음은 마치 가젤 같습니다."

가젤은 영양의 일종인데 성질이 매우 온순하다고 합니다. 위에서 보듯 부처님 제자는 누가 봐도 보통의 사람과 다른 삶의 태도를 갖춰야 합니다. 그 태도는 마음의 표현이기 때문에 진실로 부처님의 가르침을 따르고 실천하는 사람은 행동에 나타나게 되어 있습니다. 온화한 표정, 남을 배려하는 따뜻한 자세는 굳이 말로 하지 않아도 그 에너지가 전달됩니다. 코살라 국왕이 부처님의 제자들을 보고 가젤 같은 순한 동물을 떠올린 것도 다른 부류에서는 느끼지 못한 것을 부처님 제자들에게서 느꼈기 때문입니다.

공자도 《논어》에서 말했습니다. "어진 사람은 근심이 없고, 지혜로운 사람은 의혹됨이 없고, 용감한 사람은 두려움이 없다.(인자불우 지자불혹 용자불구仁者不憂 知者不惑 勇者不懼)"

유교에서 '어짊[仁]'은 사람이 도달해야 할 최고의 덕목입니다. 마음을 열면 나쁜 마음들이 사라지게 되어 있습니다. 공부를 해본 사람만이 이 말을 이해할 수 있습니다. 우리가 아침 예불에 하는 이산혜연선사의 발원문에도 나옵니다.

"내 모양을 보는 이나 내 이름을 듣는 이는 보리마음 모두 내어 윤회고를 벗어나되, 화탕지옥 끓는 물은 감로수로 변해지고, 검수도산 날 센 칼날 연꽃으로 화하여서……."

세상은 자신의 모습에 대한 반응입니다. 스스로 어떤 마음으로 살아가느냐에 따라 세상이 반응을 합니다.

　　마음 꽃이 피어나서 밝아짐에
　　(심화발명心花發明)

　　시방이 통연히 툭 트이네.
　　(시방통연十方洞然)

마음 꽃이 피어나 밝아질 때는 온 세계가 환해집니다. 얼굴도 밝아지고 눈도 밝아집니다. 꽃은 봄의 신선한 기운을 받아야 피어날 수 있습니다. '화(華)'는 '화(花)'와, '통(通)'은 '통(洞)'과 같은 의미입니다. '엄(嚴)'은 마음의 완성입니다. 꽃이 피어남은 열매를 맺기 위함입니다. 다시 말해 열매로 변화한다는 것은 성취요 완성이기 때문에 장엄이고 엄식(嚴飾)입니다. 아름답게 꾸며진 마음입니다. 하나도 부족하거나 모자람이 없이 마음의 덕을 완전 성취하는 때가 '엄(嚴)'이 됩니다. 발심하여 성불하는 것을 '불화엄(佛華嚴)'이라 하고, 이것은 '대방광(大方廣)'의 성취입니다.

우리는 불법에 의지하여 공부하는 사람입니다. 그 시작은 불보살님에 대한 '공경(恭敬)'이 가장 우선합니다. 이 우러르고, 닮고 싶은 마음이 초발심입니다. 초발심의 마음은 아무리 강조해도 지나치지 않습니다. 종교의 처음부터 마지막까지 '공경'의 길을 따라가는 여행입니다. 이 거룩한 헌신의 순례가 꽃으로 피고 장엄될 때 보살이라는 꽃이 세상에 가득 넘치게 될 것입니다.

'공손할 공(恭)'은 '마음 심(心)'과 '받들 공(共)'으로 이뤄졌습니다. 두 손으로 받드는 모양의 글자로, 마음으로 받들어 모신다는 의미입니다. '공경 경(敬)'은 '두드릴 복(攵)'과 '구차할 구(苟)'로 이뤄진 글자입니다. '복(攵)'자는 손으로 매를 들고서 두드리는 모양이고, '구(苟)'자는 자신의 몸을 앞으로 숙이는 모습입니다. 예를 갖춰서 용서를 비는 것입니다.

엄숙하고 경건하게 보현보살이 부처님께 열 가지 원을 발하는 것이 〈보현행원품〉입니다. 예배하고, 공양하고, 회향하는 보살의 길을 선재동자가 묻자, 보현보살이 열 가지 행원을 말씀하셨습니다. 그 첫 시작이 〈예경제불원)입니다. "일체의 모든 부처님께 한량없는 몸을 나투어 예배하고 공경하나, 중생이 다함이 없으므로 보현행자의 원도 다함이 없고, 지치거나 싫어함이 없어야 한다"는 원을 말합니다. 결국은 중생의 행복을 위한 수행이고, 깨달음이어야 합니다.

우리 불교인들에게는 불보살님에 대한 '공경심'이 가장 우선하는 가치입니다. 이 소박한 믿음과 마음이 우리의 구원이고 해탈입니다. 예경제불원이 〈보현행원품〉의 첫머리에 나오는 이유가 바로 여기에 있습니다. 예불과 공경은 우리가 불·법·승 삼보에 의지하는 이유이기도 합니다. 불교의 승가와 재가의 모든 수계는 삼귀의계(三歸依戒)부터 시작합니다. '의(依)'는 '의지함'을 말합니다. 어린 아이가 엄마의 손을 잡으면 일어서기도 하고 걷기도 합니다. 이것이 의지하는 공덕입니다. 왜 의지해야 할까요? 부처님과 그 가르침과 수행하는 스님들은 큰 힘을 가지고 있기 때문에 의지하면 나에게도 큰 힘이 생깁니다. 믿는 마음이 있어야 가피가 따릅니다.

《초발심자경문(初發心自警文)》에 이런 말이 나옵니다.

> 소나무 숲 속의 칡은 천 길을 곧게 올라가지만
> (송리지갈 직용천심 松裏之葛 直聳千尋)
>
> 띠 풀 속의 나무는 석 자를 넘지 못한다.
> (모중지목 미면삼척 茅中之木 未免三尺)

이것이 의지하는 공덕입니다. 굳이 혼자 힘으로 하겠다고 고집을 피우기보다는 잘 의지하면 공덕을 성취할 수 있습니다. 그러면 아주 쉽고 즐겁게 살아갈 수 있습니다.

> 낱낱 부처님 계신 곳마다 불가설 불가설
> 부처님세계의 아주 작은 티끌 수만큼
> 많은 몸을 나타내어 그 한 몸 한 몸이
> 불가설 불가설 부처님세계의
> 아주 작은 티끌 수만큼 많은 부처님께
> 두루 예배하고 공경하는 것이니

이 시방세계에 낱낱 미진수의 부처님세계와 그곳에 계시는 부처님들께 내가 또한 그와 같은 많은 수의 몸을 나투어, 그 각각의 몸이 부처님께 예경을 올리기를 서원하는 것입니다. 《서유기》를 보면 손오공이 머리털을 입으로 불자 수많은 자기의 분신이 나타나서 각자 자기 뜻대로 움직이는 그 광경을 떠올려도 좋겠습니다. 사찰에서 불공이나 기도를 할 때, 《천수경》을 하기에 앞서 먼저 '널리 예를 올리는 진언'인 보례진언(普禮眞言)을 하는데 그 뜻이 얼마나 숭고한지 모릅니다.

> 내가 이제 이 한 몸 가운데
> (아금일신중我今一身中)
>
> 곧 바로 다함없는 몸을 내어
> (즉현무진신卽現無盡身)

시방에 두루 계신 삼보님께
(변재삼보전遍在三寶前)

빠짐없이 한량없는 예를 올립니다.
(일일무수례一一無數禮)

이 예경은 언제까지 해야 하는 것일까요?

이와 같이 하여
중생계가 다하고
중생의 업이 다하고
중생의 번뇌가 다하면
나의 예배하고 공경함도 다하려니와

중생계 내지 중생의 번뇌가 다함이 없으므로
나의 예배하고 공경함도 다함이 없어
생각 생각 상속하여 끊임없이 예경하건만
몸과 말과 뜻으로 짓는 일에
지치거나 싫어하지 않을 것이니라.

중생이 다하는 날이 보현행의 끝입니다. 그런데 이 행이 끝날 수 없는 것은 법계에 중생이 다하지 않는다는 것입니다. 다른 종교에서는 휴가나 안식년도 있고 쉬는 날도 있지만, 불교에서는 휴식이라는 개념이 없습니다. 수행이 힘들다고 생각하는 사람이나 귀찮다고 여기는 사람은 놀고 게으름을 부릴 수 있습니다. 그러나 불교에는 예불이나 그날의 수행과 보살행을 쉬는 법이 없습니다. 이것이 타종교와 다른 점의 하나인데, 조용한 가운데 치열한 수행 정신이 바로 불제자의 자세이기도 합니다.

내가 무엇을 행하고 있는지
나는 알고 있는가.
내가 나를 소유하는 순간은
숨을 들이 마시는 동안인가,
아니면 내쉬는 동안인가.
내가 알고 있는 것은
다음에 무엇을 쓸지
연필이 알고 있는 정도,
또는 다음에 어디로 갈지
그 연필심이 짐작하는 정도.

— 잘랄루딘 루미, 〈내가 알고 있는 것〉

진정한 예경은 예경하는 자신의 소멸에 있습니다. 모든 것을 불보살님 전에 맡기고, 나를 불보살님의 원력에 맞춰야 합니다. 절집에서 하는 말로 "예불하고 공양 삼시 안 빠지는 게 큰 공부다"라고 합니다. 매일, 하루도 빠짐없이 예경하는 것입니다. 세세생생 말입니다.

캐나다의 정신과 의사이면서 심리학자인 버크(1837~1902)는 사람이 살아가면서 어느 단계에서는 극적인 의식의 변화가 생기는데, 이 새로운 의식을 그는 '조명(illumination)' 혹은 '우주의식(cosmic consciousness)'이라 하고, 보통 30대 초반에 경험한다고 합니다. 예수, 무하마드, 노자, 장자, 루터 등도 30대에 종교적 체험을 했습니다. 공자는 나이 삼십에 "뜻을 확고히 한다(이립而立)"고 했습니다. 또 짜라투스트라가 고향과 고향의 호숫가를 떠나 산 속으로 들어갔던 나이도 서른이었습니다.

우리 부처님은 29세에 출가하신 뒤 사람들에 의해 방해받지 않고 소란스러움과 혼잡을 피하여 숲으로 들어가 '홀로 있음'에 몰입하셨습니다. 영혼의 선지자들은 최소한 서른다섯 이전에 육체가 아니라 정신적인 측면에서 꽃망울을 터트린 위인입니다. 눈멀지 않는 신앙이란 존재하지 않습니다. 볼 수 있는 눈을 가진 사람은 빛을 믿을 필요가 없습니다. 그는 빛을 압니다. 오직 빛을 모르는 눈먼 자만이 빛을 믿고 갈구합니다. 이 '눈 멂'을 벗어나면 비로소 인간의 삶이 시작됩니다.

진리에 눈뜬 이들이 진리를 멀리서 구하지 않고 일상에서 도를 보는 것도 영혼의 어둠에서 벗어나 빛을 보기 시작하고서입니다. 출가자는 아무런 권태도 느끼지 않고 자신의 정신세계를 탐구하면서 진지하게 살아야지 헛된 일로 바쁠 수 없습니다. 수행의 터널을 지나면 곰팡이가 음식을 숙성시키듯 달라져 있을 것이다. 이렇게 전체적으로 살 수만 있다면 모든 것이 쉽고 옳을 것이며, 출가의 길은 단호하기 때문에 번민이 없고, 번민이 없기에 쉬울 수 있습니다. 출가자의 마음가짐과 삶의 태도에 있어 《법화경》〈제보살본수기품〉에는 여섯 가지 승가의 화합하는 법이 나옵니다.

"첫째, 함께 같은 계율을 지키라. 둘째, 대중의 합의에 맞춰 행동하라. 셋째, 공양을 똑같이 나누라. 넷째, 한 장소에 함께 모여 살라. 다섯째, 상대에게 항상 자비롭게 말하라. 여섯째, 남의 뜻을 항상 존중하라."

남을 예경하고 모실 수 있는 사람은 이미 좋은 사람입니다. 가장 좋은 삶의 자세는 일체를 모시듯이 살아가는 사람입니다. 불교가 출가교단인 것도 일체를 소유하지 않음으로서 일체로부터 자유롭고 경건하게 살아갈 수 있습니다. 모든 생명을 부처님처럼 거룩하게 보고, 교단의 구성원들이 바르고 화목하게 살아가는 것이야말로 진정한 보현행자의 길이 될 것입니다. 평화롭고 자유로운 불법에 감사하는 마음을 가져야 하겠습니다.

3
칭찬여래원 稱讚如來願
여래의 공덕을 찬탄합니다

칭찬여래원 稱讚如來願
여래의 공덕을 찬탄합니다

―

선남자여, 부처님을 찬탄한다는 것은 무엇인가?
온 법계·허공계·시방삼세 모든 불국토에
수없이 많은 부처님이 계시는데
부처님 계신 곳마다 보살들이 둘러싸 모시고 있느니라.
그분들을 내가 깊고 뛰어난 지혜로써
눈앞에 나타난 듯 알아보고
음악의 여신인 변재천녀보다도 더 뛰어난 변재로써
부처님의 모든 공덕을 찬탄하며
모든 세월이 다하도록 계속하여 끝나지 않고
법계가 끝날 때까지 두루 하는 것이니라.
이와 같이 하여 허공계가 다하고

이웃의 세계가 다하고
이웃의 업이 다하고
이웃의 번뇌가 다해야 나의 찬탄도 다하겠지만,
허공계와 우리 이웃들의 번뇌가 다할 수 없으므로
나의 찬탄도 다함이 없느니라.
순간마다 계속하여 끊임없어도
몸과 말과 뜻에는
조금도 지치거나 싫어함이 없느니라.

復次 善男子야 言 稱讚如來者는 所有 盡法界虛空界 十方三世一切 刹土所有極微의 一一塵中에 皆有一切世界極微塵數佛하며 一一佛所에 皆有菩薩海會圍遶어든 我當悉以甚深勝解와 現前知見으로 各以出過辯才天女微妙舌根하며 一一舌根에 出 無盡音聲海하고 一一音聲에 出 一切言辭海하여 稱揚讚歎 一切如來諸功德海하되 窮未來際히 相續不斷하여 盡於法界에 無不周遍하나니 如是虛空界盡하며 衆生界盡하며 衆生業盡하며 衆生煩惱盡하면 我讚이 乃盡이어니와 而虛空界와 乃至煩惱 無有盡故로 我此讚歎도 無有窮盡하야 念念相續하고 無有間斷하야 身語意業에 無有疲厭이니라.
一

칭찬여래원은 여래의 공덕을 끝없이 찬탄하겠다는 원입니다. 이 세상에서 가장 높은 찬탄의 대상은 부처님으로, 부처님의 공덕을 소리 내어 찬탄하는 것입니다. '칭(稱)'은 '일컫다'는 뜻입니다. '벼 화(禾)'와 '들어 올릴 칭(再)'으로 이뤄진 글자입니다. '화(禾)'는 '저울 추'를 의미하기도 합니다. 옛날에는 좁쌀 12개의 무게를 1분(分)으로 삼고, 12분을 1수(銖)로 정했습니다. 이 칭의 자형적 의미는 '들어 올려서 무게를 달다', 그리고 '저울'의 뜻이 있습니다. 그런데 물건은 바닥에서 들어 올려 땅에서 떨어져야 무게를 잴 수 있었는데, 여기에서 '높여 칭찬하다', '일컬어 칭찬하다'의 뜻이 파생되었습니다.

'찬(讚)'은 '말씀 언(言)'과 '도울 찬(贊)'으로 이뤄진 글자입니다. '찬(贊)'은 폐백을 들고 앞으로 나아간다는 뜻입니다. 한자에 '조개 패(貝)'가 들어간 글자는 재물이나 보물, 때로는 화폐 같은 재화와 관계가 있습니다. 옛날에는 조개껍질을 화폐처럼 사용했습니다. '찬(讚)'은 '말로써 존경과 경배를 표하다'는 뜻입니다.

다시 말해 칭찬은 소리 내어 찬탄하는 것입니다. 우리가 하는 기도와 예불과 독경은 모두 소리를 크게 내서 해야 합니다. 칭과 찬이 밖으로 소리가 울림을 뜻하기 때문입니다. 같은 의미 전달도 혼자만 속으로 하는 것이 아니라 여러 사람이 들을 수 있도록 밖으로 소리를 내야 합니다. 이때의 말은 타인에 대한 선언과 같기 때문에 훨씬 구속력이 있습니다. 같은 계획이라도 남에게 말을 하고 나면 책임감이 생겨서 훨씬 실천력이 강하다고 합니다.

불보살님을 찾고, 그분들의 공덕을 찬탄한다는 것은 내가 예경의 대상을 닮아간다는 것으로, 공감대가 형성되었다는 뜻이기도 합니다. 시방삼세에 두루하신 부처님과 보살님들의 중생을 향한 공덕의 바다에 함께 머물 수 있음을 감사하고 더 깊이 들어가고자 하는 발원을 담아서 찬탄해야 합니다. 내 자신의 원력이 부처님의 공덕에 의하여 이루어질 것이라는 확신을 가져야 합니다. 복덕과 지혜를 갖춘 부처님의 위대하고 거룩한 위신력은 만중생의 귀감이요, 이상적인 선망의 대상이기에 공덕을 닦아가는 과정에 있는 우리들은 부처님을 찬탄하지 않을 수 없습니다.

우리가 기도를 할 때 불보살님의 명호를 반복해 부르는 것을 "정근(精勤)"이라고 합니다. "석가모니불"이나 "관세음보살" 혹은 "지장보살" 등의 명호를 되풀이해 부르는데, 그 정근 속에는 찬탄의 뜻이 들어 있습니다. 사람 간의 소통과 관계는 이름을 부르는 것으로부터 시작합니다. 사람은 심리적으로 이름을 불러 주면 친밀감을 느낀다고 합니다. 불교신행에 있어서 불보살님의 명호를 부르며 찬탄하는 것은 기도의 시작입니다. 공경심을 더욱 굳건하게 해주기 때문입니다.

태조 이성계와 무학 대사의 유명한 대화가 있습니다.

하루는 이성계가 장난기가 발동해서 좀 놀릴 심산으로 무학 대사를 보고 말했습니다.

"대사님, 오늘 대사께서는 돼지로 보입니다."

그러자 무학 대사께서 태연히 응답합니다.

"내 눈에는 태조가 부처로 보입니다."

순간 그는 기분이 좋아서 그 이유를 모르는 척 물어보았습니다. 그때 스님께서 이렇게 말씀했습니다.

"돼지 눈에는 돼지만 보이고, 부처 눈에는 부처만 보입니다."

이 말이 저는 참으로 아름답게 여겨집니다. 일체 모든 것을 부처로 볼 수 있는 사람은 부처님뿐입니다. 우리가 세상을 그렇게 볼 수 있다면 바로 부처님과 다르지 않습니다. 부처님은 정말로 세상의 모든 것을 차별 없이 한 마음으로 봅니다. 그래서 자비심이 나오는 것입니다. 우리가 그 정도는 안 되더라도 세상을 좀 더 긍정적인 마음으로 사는 것이 중요합니다. 마음이 즐거운 사람은 일체 모든 것이 즐겁게 보입니다. 그러나 마음이 슬프거나 짜증나면 무엇 하나 시비 아닌 게 없습니다. 즐거운 마음으로 사는 사람은 그렇지 않은 사람보다 분명 행복합니다. 행복이 멀리 있는 게 아닙니다. 무슨 일을 하든 즐거운 마음으로 하는 습관을 들여야 합니다.

부처님의 마음은 거리낄 것이 없습니다. 말을 길들이듯이 중생을 길들입니다. 여래를 칭찬하겠다는 서원은 여래의 거룩한 가르침을 기꺼이 받아들이겠다는 선언입니다. 말 조련사를 가르친 부처님의 법문을 하나 소개하겠습니다.

부처님께서 라자가하의 죽림정사에 계실 때의 일이다. 어느 날 말 조련사인 촌장이 부처님 계신 곳으로 찾아가서 공손하게 문안을 드리고 한쪽에 물러앉았다. 부처님이 촌장에게 말씀하셨다.

"말을 잘 길들이는 방법이 몇 가지나 되는가?"

촌장이 대답했다.

"세존이시여, 세 가지 방법이 있습니다. 어떤 것이 그 세 가지인가 하면,

첫째는 부드럽게 다루는 것이고, 둘째는 강하게 다루는 것이며, 셋째는 한편으로는 부드러우면서도 한편으로는 강하게 다루는 방법입니다."

부처님께서 촌장에게 말씀하셨다.

"만일 그 세 가지 법으로도 말이 길들여지지 않을 때에는 어떻게 해야 하는가?"

촌장이 말하였다.

"쓸모없는 말이니 죽여 버립니다."

촌장이 부처님께 여쭈었다.

"부처님은 조어장부(調御丈夫)이십니다. 부처님은 몇 가지 방법으로 제자들을 길들이십니까?"

부처님께서 촌장에게 말씀하셨다.

"나도 또한 세 가지 방법으로 제자들을 길들인다. 어떤 것이 그 세 가지인가 하면, 첫째는 부드럽게 하는 방법이요, 둘째는 강하게 다루는 방법이며, 셋째는 한편으로는 부드러우면서도 한편으로는 강하게 다루는 방법이니라."

촌장이 부처님께 아뢰었다.

"세존이시여, 만일 세 가지 방법으로도 길들여지지 않을 때에는 어떻게 하십니까?"

부처님께서 촌장에게 말씀하셨다.

"나도 또한 죽여 버린다."

"부처님은 살생을 나쁜 일이라 하여 금하시는데 어찌 제자를 죽인다고 합니까?"

부처님께서 촌장에게 말씀하셨다.

"네 말대로 살생은 나쁜 것이다. 그러나 내가 세 가지 방법으로 길들이는 데도 말을 듣지 않으면 나는 그와 더불어 말하지 않고 가르치거나 훈계하지 않는다. 이것이 그를 죽이는 것이 아니고 무엇이겠느냐?"

– 《잡아함》〈조마경(調馬經)〉

초기 경전을 보면 흔히 등장하는 설법의 방식이 있습니다. 질문자의 일상사를 비유로 하여 수행이나 출가자의 정신에 대해 말씀하는 것입니다. 불교가 막 태동하는 시기라서 보통 사람들의 눈에는 아무래도 많은 것이 생소했을 것입니다. 질문자 중에는 괴로움을 벗어나기 위한 목적을 가진 이도 있었고, 왕이 나라를 잘 다스리기 위한 지혜를 구하는 경우도 있었습니다. 흥미로운 점은 일상을 성실하게 가꿔가는 사람들이 자신들의 삶을 말하고서, 이것이 부처님과 그 제자들의 삶과는 어떤 차이가 있는지 알고 싶어 했다는 사실입니다. 이 촌장도 마찬가지인데, 말을 다스리는 자신의 방식에 빗대어 부처님께서 사람을 죽인다고 하시자 적잖이 놀랐습니다. 이때 부처님은 어떻게 하셨습니까? 우선 친절하게 말씀하셨습니다. 그리고 질문을 역으로 하여 가르침을 폈습니다. 부처님은 누구에게나 부드럽게, 때론 엄격하게, 그리고 이 둘을 적절히 혼용하셨습니다.

"슬픔의 새들이 내 머리 위로 날아오르는 걸 막을 수야 없겠지만, 이 새들이 내 머리 위에 둥지를 트는 건 막을 수 있다"는 중국 속담처럼, 우리의 삶은 충분히 극복될 수 있다는 것이 불교의 정신입니다. 가정에서건 직장에서건 조화롭고 발전적인 분위기를 만들려면 구성원 간에도 이런 노력이 있어야 합니다. 종교인을 바라보는 세상의 눈에는 교사의 이미지가 있습니다. 세상 사람들은 의지하고 위안 받고 싶어 하기 때문에 친절하고 따뜻한 불교로 달라져야 합니다. 지금 우리에겐 이런 역할이 무엇보다 필요합니다.

> 사방은 고통으로 가득 차 있고
> 이 세상은 덧없이 변해가네.
> 재주가 있으나 벽촌에 묻혀 있고
> 세도가 기울어 대문 빗장 닫아 걸었네.
> 해가 떠도 바위굴은 오히려 컴컴하고
> 안개 걷혀도 골짜기는 아직 어둡네.
> 그 가운데 사는 억만장자의 아들들이여
> 우리 모두는 바지 한 벌 조차도 없네.

윗글은 한산의 시입니다.

캄캄한 굴속에 있으면서도 우리는 행복하다고 말합니다. 덧없는 것을 영원할 것이라 믿고 더 구하기 위해 목숨을 겁니다. 하지만 우리는 본래로 억만장자의 아들입니다. 그런데도 자기 안의 보물을 모르고 밖으로 구걸을 나섭니다. 입고 있는 옷 한 벌이 전 재산이라 착각합니다. 내 안의 보물에 눈 뜨면 구걸을 멈출 수 있습니다. 마음의 눈을 떠야 합니다. 눈을 뜨면 부처님 자비광명의 세계입니다.

'여래'는 산스크리트어 '타타가타(tathagata)'를 번역한 말로 '여여(如如)한 실상의 세계에서 왔다', '진여에서 출현한 이'라는 뜻입니다. 부처님의 열 가지 명호 중 제일 먼저 나옵니다. 그러므로 여래를 찬탄한다는 것은 진여가 가지고 있는 무한한 덕성을 찬탄하는 것입니다. 변재천녀(辯才天女)는 음악을 관장하는 천상의 여신입니다. 걸림이 없는 변재를 갖추어 사람을 능수능란하게 설복시킵니다. 이 변재천녀보다 나은 변재를 구사하여 여래의 공덕을 영원무궁토록 찬탄하겠다는 서원은 입으로 짓는 최상의 공덕입니다.

그분들을 내가 깊고 뛰어난 지혜로써
눈앞에 나타난 듯 알아보고
음악의 여신인 변재천녀보다도 더 뛰어난 변재로써
부처님의 모든 공덕을 찬탄하며
모든 세월이 다하도록 계속하여 끝나지 않고
법계가 끝날 때까지 두루하는 것이니라.

우리가 법회 때마다 하는 '삼귀의'의 '의(依)'에 대해서 앞 장에서 설명했습니다. 이 의지하는 것은 좋다는 생각이 일어날 때 가능합니다. 우리가 부처님을 찬탄하는 것은 뭔가 좋기 때문입니다. 그래서 일을 해가는 단계를 공자는 지(知)→호(好)→락(樂)으로 구분합니다. 이것은 무엇이든 알면 하게 되고, 하다보면 더 좋아진단 말입니다. 좋은데 중단할 사람이 어디 있겠습니까? 그 다음에 즐거움을 알게 됩니다. 이 단계에 가면 물 흐르듯이 편안함이 있습니다. 예전에 구산 큰스님께서는 "공부가 있으면 걱정할 게 없다"는 말씀을 자주 하셨습니다. 일 속에서 즐거움을 모르는 사람은 그 가치를 알지 못합니다. 흉내만 낼 뿐입니다. 지금 우리는 "부처님을 찬탄합니다" 하는 보현행원을 배우고 있습니다. 괴로움은 참을 수 있는데 즐거움은 오히려 참기 어렵습니다. 법문을 듣는 즐거움으로 환희용약(歡喜踊躍)하게 됩니다. 마음이 희열로 가득 차게 됨으로 몸이 붕붕 뜨는 듯합니다. 우리도 즐거우면 발을 구르고 뛰지 않습니까? 경전독송을 꾸준히 하면 경전의 말씀처럼 자신이 변해갑니다. 특히 부처님 찬탄하는 마음을 감출 수 없습니다. 좋은데 어떻게 숨길 수 있습니까? 여기저기 자랑하고 싶어집니다. 우리가 포교를 적극적으로 하지 않는 것은 자신의 즐거움이 크지 않기 때문입니다. 스스로 배우고 아는 만큼 주위에 법을 설해줘야 합니다.

당나라시대 초기에 장안 근처 남현전의 진량사에 살던 법희(法喜) 선사는 노년에 병이 들자 죽음을 맞을 준비를 하고는 제자들을 불러 모아 말했습니다.

"무상(無常)이 다가왔다. 당황하지 말거라. 조용히 의연하게 나를 저 세상으로 보내거라."

그리고는 "삼계유심(三界唯心): 삼계가 오직 마음이 지은 것이다" 만을 되새겼습니다. 그때 숲 속의 북쪽에서 음악과 마차소리가 들려왔습니다. 모두들 선사의 입적이 멀지 않았음을 알고 스님께 사실을 말씀드렸습니다. 그러자 선사가 태연히 말했습니다.

"나는 세속에서의 과보는 모두 버렸다. 어찌 극락만을 바라겠는가. 그것도 귀찮을 뿐이네."

선사가 선정에 든 채로 입적하고 도량에는 천상의 향기가 진동했습니다.

선사는 자신의 몸을 산이나 들에 던져 짐승들에게 보시하고 싶었기 때문에 장소를 미리 지시해 두었습니다. 그러나 제자들은 신비스러운 스님의 임종을 지켜본 터라 생시와 다름없는 향기로운 법구를 없애고 싶지 않았습니다. 결국 의논 끝에 우선 뒷산의 바위 동굴에 스님의 법구를 안치해 놓기로 뜻을 모았습니다. 제자들이 동굴에 스님을 모시기 위해 산으로 올라가는 도중에 갑자기 하늘이 흐리기 시작하더니 하늘이 무너지듯 폭설이 내려 산길을 덮어버렸습니다. 그 와중에 허공에서 선사의 목소리가 들려왔습니다.

"내 몸을 산에 던져 새나 짐승들에게 보시하려는 뜻을 따르지 않고 왜 매장하려 하느냐. 눈밭을 더 이상 헤매지 말고 행렬을 멈추어라."

그러나 제자들은 스님의 원을 무시하고 결국 바위굴에 안치했습니다. 며칠이 지나도 향기가 사라지지 않고 얼굴 또한 그대로였습니다. 세월이 얼마간 흘러 대중들이 올라가 선사를 덮었던 천을 들어보니 얼굴만 남고 몸의 모든 부분은 사라지고 없었습니다. 스님의 소원대로 된 것이었습니다.

수행과 깨달음의 궁극은 중생을 위해서입니다. 이 사바세계는 중생의 번뇌와 업이 끊임없기 때문에 보살의 행원도 다함이 없습니다. 믿음은 생각이 되고, 생각은 말이 되고, 말은 행동이 됩니다. 또 행동은 습관이 되고, 습관은 가치가 되고, 가치는 운명으로 발전합니다. 사람들은 어떤 일을 할 수 있다고 믿으면 대부분 놀라운 모습을 보인다고 합니다. 스스로에 대한 믿음이 일을 성취하는 힘입니다. 꿈이라는 옷은 우리가 들어가기에

너무 커서 안 맞을 수 있습니다. 어떻게 하면 내가 꿈에 딱 들어맞을까요? 비결은 내가 꿈의 크기만큼 자라는 수밖에 없습니다.

여론조사기관인 갤럽에서 200만 명을 대상으로 "자기 방면에서 매우 뛰어난 사람들은 무엇이 보통 사람들과 다를까요?"라는 조사를 했습니다. 그 결론은 스스로 무엇을 얻고자 하는지 확실하게 알고 있으며, 그것을 이루기 위해 더욱 노력한다는 것이었습니다. 또한 그들은 자신의 약점 때문에 걱정하기보다는 자신의 한계를 최대한 끌어올리기 위해 힘을 집중한다고 합니다. "오랜 시간이 좋은 와인을 만든다"고 합니다. 참을성 있게 스스로의 가능성을 닦아 나가야 합니다. 이것이 수행의 정신입니다. 수행을 통해 변화된 나를 이 세상에 던져야 합니다. 이 의미는 결코 작지 않습니다. 세상과 중생은 우리가 가진 개개인의 능력을 필요로 하기 때문입니다.

신도님들의 가정에서도 이런 자세를 갖고 하모니를 이뤄야 합니다. 남에 대한 긍정적인 기대와 칭찬이 어떤 결과를 가져 오는지에 대한 '피그말리온 효과(Pygmalion Effect)' 이론이 있습니다. 옛날 키프로스에 한 조각가이기도 한 왕이 살았습니다. 그의 이름이 피그말리온이었습니다. 그는 오랜 노력 끝에 아름다운 조각상을 하나 완성했습니다. 그런데 그는 여인의 조각이 완성되고 난 후부터 하루 종일 그 조각상만을 바라보며 넋을 잃고 보냈습니다. 그러던 어느 날, 사랑의 아픔에 시달리던 피그말리온은 아프로디테 여신의 신전에 찾아가 자신의 사랑을 이루게 해 달라고 기도했습니다. 그 후 이상한 일이 일어났습니다. 조각상이 따뜻해지기 시작하더니 사람처럼 살아나는 것이었습니다. 그는 이 여인과 행복하게 살았습니다.

이것을 피그말리온 효과라고 합니다. 칭찬하면 할수록 더욱 더 잘하려는 동기를 부여해준다는 이론입니다. 칭찬, 격려, 신뢰, 인정, 애정, 사랑, 긍정, 확신, 믿음이 있는 곳에서는 모든 것이 변화되는 놀라운 경험을 하게 된다고 합니다. 상대에게 긍정적인 기대를 심어주고 잘 되리란 믿음을 잃지 마시기 바랍니다.

> 황금이 귀한 것이 아니요,
> (황금미위귀黃金未爲貴)
>
> 안락이 곧 돈 많은 것에 해당한다.
> (안락치전다安樂値錢多)

정신적인 안정과 즐거움을 누리는 것이 큰 공부입니다.

불보살님의 공덕을 소리 높여 칭찬하듯, 일체 생명에 대한 긍정의 에너지를 베푸시기 바랍니다.

4
광수공양원 廣修供養願
널리 공양을 수행합니다

광수공양원 廣修供養願

널리 공양을 수행합니다

―

　선남자야, 또한 널리 공양한다는 것은 진법계·허공계·시방삼세 일체 불찰 극미진마다 각각 일체 세계 극미진수의 부처님이 계시고 낱낱 부처님 계신 곳마다 한량없는 보살들이 둘러 계심에 내가 보현행원의 원력으로 깊고 깊은 믿음과 분명한 지견을 일으켜 여러 가지 으뜸가는 묘한 공양구로 공양하되 이른바 화운이며 만운이며 천음악운이며 천산개운이며 천의복운이며, 가지가지 하늘의 향인 도향이며 소향이며 말향이며, 이와 같은 많은 공양구가 각각 수미산만하여, 또한 여러 가지 등을 켜되 소등이며 유등이며 여러 가지 향유등이며, 이와 같은 등의 낱낱 심지는 수미산 같고 기름은 큰 바닷물 같으니 이러한 여러 가지 공양구로 항상 공양하는 것이니라.

선남자야, 모든 공양 가운데는 법공양이 가장 으뜸이 되나니 이른바 부처님 말씀대로 수행하는 공양이며, 중생들을 이롭게 하는 공양이며, 중생을 섭수하는 공양이며, 중생의 고를 대신 받는 공양이며, 선근을 부지런히 닦는 공양이며, 보살업을 버리지 않는 공양이며, 보리심을 여의지 않는 공양이니라.

　선남자야, 앞에서 말한 많은 공양으로 얻은 공덕을 일념동안 닦는 법공양 공덕에 비한다면 백분의 일도 되지 못하며, 천분의 일도 되지 못하며, 백천구지 나유타분과 가라분과 산분과 수분과 비유분과 우파니사타분의 일도 또한 되지 못하느니라. 무슨 까닭인가? 모든 부처님께서는 법을 존중히 여기시는 까닭이며, 말씀대로 행하면 많은 부처님이 출생하시는 까닭이며, 또한 보살들이 법공양을 행하면 곧 여래께 공양하기를 성취하나니, 이러한 수행이 참된 공양이 되는 까닭이니라.

　이 넓고 크고 가장 수승한 공양은 허공계가 다하고 중생계가 다하고 중생의 업이 다하고 중생의 번뇌가 다하면 나의 공양도 다하려니와, 허공계와 내지 중생의 번뇌가 다함이 없으므로 나의 이 공양도 다함이 없어 생각 생각 상속하여 끊임이 없되 몸과 말과 뜻으로 짓는 일에 지치거나 싫어하는 생각이 없느니라.

　復次 善男子야 言 廣修供養者는 所有盡法界 虛空界 十方三世一切 佛刹極微塵中에 一一各有 一切世界極微塵數佛하며 一一佛所에 種

種菩薩海會로 圍遶어든 我以普賢行願力故로 起深信現前知見하야 悉以上妙諸供養具로 而爲供養호대 所謂 華雲이며 鬘雲이며 天音樂雲이며 天傘蓋雲이며 天衣服雲이며 天種種香인 塗香이며 燒香이며 末香이니 如是等雲이 一一量如須彌山王하며 然種種燈하되 酥燈이며 油燈이며 諸香油燈이 一一燈炷 如須彌山하며 一一燈油如大海水하야 以如是等 諸供養具로 常爲供養이니라.

善男子야 諸供養中 法供養이 最이니 所謂如說修行供養이며 利益衆生供養이며 攝受衆生供養이며 代衆生苦供養이며 勤修善根供養이며 不捨菩薩業供養이며 不離菩提心供養이니라. 善男子야 如前供養無量功德을 比法供養一念功德컨댄 百分不及一이며 千分不及一이며 百千俱胝那由他分과 迦羅分과 算分 數分과 喻分 優波尼沙陀分에도 亦不及一이니 何以故오 以諸如來尊重法故며 以如說行이 出生諸佛故며 若諸菩薩이 行法供養하면 則得成就供養如來니 如是修行이 是 眞供養故니라.

此 廣大最勝供養을 虛空界盡하며 衆生界盡하며 衆生業盡하며 衆生煩惱盡하면 我供이 乃盡이어니와 而虛空界와 乃至 煩惱不可盡故로 我此供養도 亦無有盡하야 念念相續하고 無有間斷하야 身語意業에 無有疲厭이니라.

어제 꽃 피더니 오늘 지고 마네
(작일화개금일사昨日花開今日謝)

인생 백 년에 만 년 살 것처럼 마음먹는구나.
(백년인유만년심百年人有萬年心)

가을이 되면 한 때 무성하던 것들이 모두 지게 됩니다. 황국(黃菊)만이 늦은 가을의 오후 햇살을 받으며 뒷심을 보이고 있습니다. 새봄이라고 이런저런 계획을 세우느라 생각에 잠기던 때가 엊그제 같은데 벌써 가을 깊이 들어오고 말았습니다. 이렇게 시간은 더디게 가는 듯하면서도 돌아보면 문득 한 시절이 가고, 한 세상이 가버리고 맙니다. 그러나 변화가 없다는 것은 생동하는 기운이 없다는 말과 같습니다. 곧 죽은 것입니다. '사(謝)' 자는 '사례하다', '용서를 구하다'의 뜻도 있고, '물러난다'는 의미도 가지고 있습니다. 꽃이 피었다 지는 것이 얼마나 무상합니까? 우리의 인생이 이와 같이 덧없는 데도 영원할 것 같은 생각을 합니다. 그렇다면 이 세상이 변화하는 힘은 어디서 오겠습니까? 바로 이 무상(無常)에서 옵니다.

    노자 《도덕경》 51장에 "도는 나옴이고, 덕은 기름이고, 물은 모습함이요, 세는 이룸이다(도생지 덕축지 물형지 세성지道生之 德畜之 物形之 勢成之)"는 내용이 있습니다. 특히 '세(勢)'라는 글자는 여러 의미로 쓰이지만 여기서는 '자연 현상계를 지배하는 자연필연의 방향, 움직이는 기세'를 말합니다. 감산(憨山德淸, 1546~1623) 대사는 이것을 '능핍(凌逼)', 즉 '힘을 가함'이라고 풀었습니다. 기운은 상생도 있고 상극도 있는데, 이 '다그침'이 바로 천지만물의 변화를 이끄는 힘입니다.

그런데 왜 '강약부동(强弱不同)' 할까요? 인간세는 높으면 뻐기고 군림하려 들어서 탈이고, 낮으면 낮은 만큼 기가 죽고 의기소침해져서 문제입니다. 그렇다고 또 끝없이 눌려 있지 만도 않습니다. '감정'이라는 뜻을 가진 영어의 'emotion'은 '움직이게 하다'를 뜻하는 라틴어 동사 'emovere'에서 온 것입니다. 해롭건 이롭건, 긍정적이건 부정적이건 정신을 움직이게 하는 충동적인 마음을 말합니다. 마음을 긍정적으로 쓰면 긍정적인 에너지가 나오고, 생활에 활력도 생깁니다. 마음을 잘 다스리는 공덕이 이런 사소한 일상에서 생깁니다.

보현십행원 중 세 번째인 광수공양원입니다. 우리가 육신을 지탱하기 위해 섭취하는 음식물이 가장 우선하는 공양물입니다. 그러나 불교에서는 남을 위해 베푸는 모든 행위를 공양이라고 합니다. 누군가를 위해 노래를 불러 주면 '음성공양'이고, 법문을 일러 주거나 경전을 보시하면 '법공양'입니다. 이렇게 보면 일체가 공양 아닌 것이 없습니다. 부처님은 자비심을 가져야 한다고 하셨습니다. '자비(慈悲)'에서 '자(慈, metta)'는 '관계성', '비(悲, karna)'는 '신음'의 뜻이 있습니다. 이 '비(悲)'를 '측창(惻愴)'으로 번역한 경우도 있습니다. 이것은 바로 '못 견디게 슬픈 마음'입니다. 중생의 고통을 보면 그냥 넘어갈 수 없습니다. 직접 도와줄 수 없는 경우는 나에게 힘이 없어서 또한 아프고 괴롭습니다. 이 마음이 자비입니다.

인류학자들에 의하면 인간이 금수(禽獸)와 다른 점은 무리[群]를 지어

사는 능력에 있다 합니다. 이것을 우리는 사회성이라고 합니다. 이 인간 공동체의 생존에 근원적이고 필수적인 법규를 순자(荀子, 기원전 299~213)는 예(禮)로 봤습니다. 이 예의 본질은 나눔, 더 본질적으로 말하면 '나눠 먹음'입니다. 이러한 가장 원초적인 본능의 충족과 분배의 묘를 잘 살려나가는 것, 그리고 이를 위한 생산력의 증대는 정치의 절대과제였습니다. 여기서 생기는 불균형은 시대변화의 욕구로 분출되는 순환 고리가 생깁니다. 얼마 전에 사회 지도층의 일부는 땅 투기로도 모자라 농민들의 소득 보전을 위한 쌀 직불금을 가로챘다가 들통나서 농민들이 분노하는 일이 있었습니다. 염치없는 일입니다. 인간생존의 최소한의 조건이면서 절대적인 음식물인 쌀로 인한 농민들의 서운한 감정과 계층 간의 갈등은 오래도록 앙금이 잘 가시지 않을 것입니다.

누군가를 사랑하는 것은 어렵지 않지만 오랜 기간 서로 조화롭게 살아가기가 더 어려운 법입니다. 삶의 긴 여정에서 서로 주고받는 정감이 서로에게 가피요 은혜가 아닐까 생각해 봅니다. 절집에서는 공양물을 특히 소중히 여깁니다. 모든 것이 시주물이기 때문입니다. 불전에 올리는 공양물로는 꽃·과일·향·초·청정수 등이 있습니다. 특히 공양할 때는 절대 음식물을 남기지 않습니다. 여기서 사시예불에 하는 공양게와 아침예불의 다게, 저녁예불의 헌향게, 공양할 때 외우는 오관게, 그리고 영가시식 중의 게송 하나를 소개해 드리겠습니다.

● 공양게(供養偈)

공양시방조어사(供養十方調御士)

연양청정미묘법(演揚淸淨微妙法)

삼승사과해탈승(三乘四果解脫僧)

원수자비애납수(願垂慈悲哀納受)

시방에 항상 계신 조어사(불보살)들과

펼쳐 보이신 청정하고 미묘한 법과

삼승의 네 경지와 해탈한 수행승들께

공양을 올리오니 자비로 받으소서.

● 다게(茶偈)

아금청정수(我今淸淨水)

변위감로다(變爲甘露茶)

봉헌삼보전(奉獻三寶前)

원수애납수(願垂哀納受)

제가 이제 청정수를 올리오니

원컨대 감로다로 변하여서

삼보전에 올립니다.

연민히 여겨 거두어 주시옵소서.

● 오분향례(五分香澧)

계향 정향 혜향 해탈향 해탈지견향 광명운대 주변법계 공양시방 무량불법승

(戒香 定香 慧香 解脫香 解脫知見香 光明雲臺 周弁法界 供養十方 無量佛法僧)

헌향진언(獻香眞言): 옴 바아라 도비야 훔(3회)

저희들은 이제 다섯 가지 미묘한 향인 계, 정, 혜와 해탈과 해탈지견의 향을
법계를 가득 채우는 광명의 구름삼아 거룩한 삼보님께 올리옵니다.

● 오관게(五觀偈)

계공다소 양피래처(計功多少 量彼來處)

촌기덕행 전결응공(忖己德行 全缺應供)

방심리과 탐등위종(防心離過 貪等爲宗)

정사량약 위료형고(正思良藥 爲療形枯)

위성도업 응수차식(爲成道業 應受此食)

이 음식이 어디서 왔는가?

내 덕행으로는 받기 부끄럽네.

마음의 온갖 욕심 버리고

육신을 지탱하는 약으로 알아

도업을 이루고자 이 공양을 받습니다.

● 재 시식에서는 수위안좌진언을 하고 이 게송을 외웁니다.

백초임중일미신(百草林中一味新)

조주상권기천인(趙州常勸幾千人)

팽장석정강심수(烹將石鼎江心水)

원사망령헐고륜(願使亡靈歇苦輪)

백 가지 풀 중의 뛰어난 맛

조주 스님은 몇 사람에게나 권했던가?
돌솥에 끓인 강한 가운데의 신묘한 차를 드시고서
영가여 윤회의 고단함을 쉬소서!

 조주(趙州, 778~897) 스님은 120세를 사셨습니다. 그래서 "조주 고불(古佛)"이라고 합니다. 스님께서는 노년에도 차를 손수 달여 드셨다고 합니다. 스님들이 강원에서 배우는 《치문(緇門)》에 "조주 청회만수(靑灰滿首)"하는 부분이 나옵니다. 글자 그대로 풀면 '푸른 재가 머리에 가득했다'는 뜻인데, 스님은 삭발을 하시면 머리에 푸른빛이 돌았다고 합니다. 그래서 물을 끓이는 동안 머리에 앉은 재도 파랗게 보인 것입니다. 도인의 담박한 풍모를 여실히 보여 주는 말입니다. 그와 같은 차를 영가에게 올리므로 잘 드시고 번뇌를 쉬라는 법문입니다. 흔히 "수위안좌진언"을 할 때 영반(靈飯)을 드리고 잔을 올리기 때문에 법사스님이 이 게송을 외우는 것입니다.

 아쇼카왕의 전생담을 보면 꾸밈없는 진실한 마음이 얼마나 큰 공덕을 짓게 하는지 잘 보여 주고 있습니다.
 부처님께서 기원정사에 계실 때의 일입니다. 부처님께서 아난존자와 함께 성 안으로 탁발하러 가시는 길에 모래와 흙으로 집과 창고를 만들고, 신발에다 모래를 담아 밥이라고 소꿉장난을 하며 놀고 있는 아이들을 만났습니다. 그들은 부처님께서 가까이 오시는 것을 보고 자기도 모르는 힘에 이끌려 부처님께 무엇이든지 바치고 싶었습니다. 그 아이들에게는 신발에 담겨진 흙이 밥과 다르지 않았습니다. 그런데 공양을 올리려고 보니 키가 너무 작아서 동생이 엎드리고, 형이 그 위에 올라가 부처님께 정성스럽게 바쳤습니다. 부처님께서는 모래 밥을 받으시고는 빙그레 웃으시며 아난에게 건네면서 "이 모래를 가지고 가서 승방의 허물어진 벽에 바르도록 하라"고 말씀하셨습니다.

정사로 돌아온 아난이 방의 허물어진 곳에 바르고 나자, 부처님께서 말씀하셨습니다.

"어린 두 아이가 환희심으로 밥이라 생각하며 모래를 보시하였으니, 그 공덕으로 다음에 국왕이 되어 삼보를 받들고 여래를 위하여 팔만사천 보탑을 세울 것이니라."

이 말씀을 듣고 아난이 부처님께 여쭈었습니다.

"어찌 한줌 흙의 공덕으로 그와 같이 큰 공덕을 성취할 수 있습니까?"

부처님께서 말씀하셨습니다.

"과거에 한 국왕이 있었는데, 부처님께서 출현하시니 임금과 신하들이 모두 부처님께 예배드리고 법을 청하여 들었다. 부처님의 설법을 들은 왕은 마음의 문이 열리고 깨닫는 바가 참으로 많았다. 왕은 기쁜 마음을 다른 사람과 함께 하기 위해 부처님의 형상을 팔만사천 장을 그려 보시하였으며, 그 공덕으로 팔만사천의 탑을 건립할 수 있는 인연을 얻을 수 있었다. 그 국왕이 바로 오늘 모래를 공양한 소년이다."

기원전 3세기 중엽에 인도를 통치한 아쇼카왕이 바로 이 소년이었습니다. 그는 인도 역사에서 가장 넓은 땅을 통일하고 다스린 국왕입니다. 그러나 통일 과정에서 전쟁의 비참함을 통감하고 인생의 무상함을 깨달아서 불교에 귀의하여 불법을 널리 알리고 선정을 베풀었습니다. 〈보현행원품〉의 공양에 대한 내용이 더없이 진실합니다. 이런 관점이라면 일체가 공양 아님이 없습니다.

"부처님 말씀대로 수행하는 공양이며, 중생들을 이롭게 하는 공양이며, 중생을 섭수하는 공양이며, 중생의 고를 대신 받는 공양이며, 선근을 부지런히 닦는 공양이며, 보살 업을 버리지 않는 공양이며, 보리심을 여의지 않는 공양이니라."

음식이나 물질적인 도움은 일시적이지만 그 사람을 교화하여 바른 삶으로 이끄는 것은 세세생생 진리의 바다에 들게 하기 때문에 그 공덕은 이루 헤아릴 수 없습니다. 진리와 바른 가르침을 주는 스승에 대한 간절한 마음은 우리 영혼을 항상 특별한 느낌 속에 머물도록 해줍니다. 저는 구산 큰스님께서 열반하시던 마지막 1년을 가까이서 뵙고 살았습니다. 지금 생각해보면 한 하늘 아래 같은 공간에서 머물고 있었던 자체가 큰 축복이었던 것 같습니다. 티베트의 한 수행자가 스승을 향한 경배의 마음이 간절했던 탓에 큰 수행의 결실을 보게 된 이야기입니다.

파툴 린포체(Patrul Rinpoche)의 스승은 직메 곌웨 뉴구(Jikme Gyalwe Nyugu)입니다. 뉴구는 산속 오두막에서 오랜 세월 동안 홀로 은둔생활을 했습니다. 어느 날 그가 오두막 밖으로 나왔더니 햇빛이 쏟아지고 있었습니다. 고개를 들어 하늘을 바라보자 그의 스승 직메링파(Jikme Lingpa)가 살았던 방향으로 구름 한 조각이 게으르게 흘러가고 있었습니다.

문득 그는 생각했습니다.

"저 너머에 스승님이 살고 계시지."

그 순간 갈망과 헌신의 감정이 엄청나게 솟구쳤습니다. 그 느낌이 너무도 강렬하고 충격적이어서 그는 거의 기절할 지경이 되었습니다. 얼마 후 직메 곌웨 뉴구가 스승을 찾아가자 스승은 지혜가 충만한 마음으로 완벽한 축복을 내렸고, 그는 '현상계의 소멸'이라는 가장 높은 경지의 깨달음에 이르게 되었습니다.

해탈을 얻고 깨달음의 지혜를 획득하는 방법은 신뢰할 만한 영적 스승을 따르는 것입니다. 부처님의 축복은 언제나 마음의 확신이 완전하게 서 있는 사람에게 내립니다. 햇빛은 모든 곳에 차별 없이 쏟아지지만, 돋보기를 통해 모이는 햇빛은 마른 풀을 태울 수 있는 이치입니다. 태양처럼 열렬히 타오르는 헌신이 스승이라는 설산(雪山)을 비출 때, 스승의 축복은 거센 물줄기처럼 쏟아집니다. 티베트 사람들은 말합니다.

"스승을 붓다로 대하면 붓다의 축복을 받게 될 것이고, 스승을 인간으로 대하면 인간의 축복을 받게 된다."

일체를 부처님으로 보면 모든 것이 나와 연결되어 있다는 특별한 느낌을 갖게 되고, 행동도 달라집니다. 근대 한국불교의 대선지식인 경허 스님의 제자 중에 혜월 선사가 계십니다. 옛 스님들은 정말이지 하루 종일 일만 했습니다. 혜월 스님도 그랬다고 합니다. 스님께서 양산 내원사에 계실 때입니다. 어느 사람의 꼬임에 빠져 문전옥답 다섯 마지기를 싼 값에 넘기고 말았습니다. 그런데 그 돈으로 산비탈에 다랑이 논을 만들기 시작했습니다. 잡목을 베어내고, 풀을 뽑고 돌을 캐내고 둑을 쌓아 천수답을 개간하는 일이었습니다. 그런데 품삯을 받고 일하던 일꾼들이 품삯만 받아먹고 게으름을 피우는 바람에 다섯 마지기 판 돈으로 겨우 세 마지기 밖에 일궈내지 못했습니다. 제자들이 참다못해 좋은 논 다섯 마지기를 날리고 자갈논 세 마지기를 고생하며 만들었으니 손해 아니냐는 불평들을 늘어놓자 스님께서 크게 나무라셨습니다.

"이놈들아, 문전옥답 다섯 마지기는 그대로 있지, 논 판 돈은 조선 사람들이 품삯으로 받아 그 동안 잘 먹고 살았지, 산비탈에 없던 논 세 마지기가 새로 생겼으니, 이거야말로 이윤을 보아도 크게 본건데 그게 어찌 손해라고 그러느냐?"

대중들이 스님의 셈법이 이치에 맞느냐고 되묻자 스님은 이렇게 말씀하셨습니다.

"너희들은 어찌 계산법이 그 모양이냐? 나는 이득을 보아도 아주 크게 보았느니라."

"미운 사람 떡 하나 더 주라"는 말이 있습니다. 일체를 부처님으로 보고 먼저 공양하는 것입니다. 두 번, 세 번……, 이렇게 선한 마음으로 공양을 베풀면 좋게 말하지 않을 사람이 어디 있겠습니까? 먼저 베풀면 내가 행복해집니다. 이것이 공양의 공덕입니다. 희망이 없는 것은 상처가 없다는 말입니다. 희망이 있는 것은 아픔을 잘 승화시킬 수 있다는 의미입니다. 삶은 항상 우리를 향해 "더 좋은 세상이 있다"고 유혹합니다. 이 여정은 끝이 없습니다. 그래서 중생을 향한 보현행원은 언제나 시작이고 처음입니다.

어떤 것이 진실한 공양입니까?

5
참회업장원 懺悔業障願
모든 업장을 참회합니다

참회업장원 懺悔業障願
모든 업장을 참회합니다

―

　선남자여, 또한 업장을 참회한다는 것은, 보살이 스스로 생각하기를 "내가 과거 한량없는 겁으로부터 탐내는 마음과 성내는 마음과 어리석은 마음으로 말미암아 몸과 말과 뜻으로 지은 모든 악한 업이 한량없고 가없어, 만약 이 악업이 형체가 있는 것이라면 끝없는 허공으로도 그것을 다 채울 수 없으리니, 내 이제 청정한 삼업으로 널리 법계에 한량없는 세계 모든 불보살님들 앞에 지성으로 참회하되, 다시는 악한 업을 짓지 아니하고 항상 청정한 계행의 모든 공덕에 머물러 있으오리다." 하는 것이니라.
　이와 같이 하여 허공계가 다하고 중생계가 다하고 중생의 업이 다하고 중생의 번뇌가 다하면 나의 참회도 다하려니와, 허공계와 내지 중생의 번뇌가 다함이 없으므로 나의 참회도 다함이 없어, 생각 생각 상속하고 끊임없이 참회하건만, 몸과 말과 뜻으로 짓는 일에 지치거나 싫어하지 않을 것이니라.

　復次 善男子야 言 懺悔業障者는 菩薩이 自念호대 我於過去 無始劫中에 由貪瞋癡하야 發身口意하야 作諸惡業이 無量無邊하니 若此惡業이 有體相者인댄 盡虛空界라도 不能容受하리니 我今에 悉以淸淨三業하야 遍於法界極微塵刹 一切諸佛菩薩衆前에 誠心懺悔호대 後不復造하고 恒住淨戒一切功德호리라 하야 如是하야 虛空界盡하며 衆生界盡하며 衆生業盡하며 衆生煩惱盡하면 我懺도 乃盡이어니와 而虛空界와 乃至衆生煩惱不可盡故로 我此懺悔도 無有窮盡하야 念念相續하고 無有間斷하야 身語意業에 無有疲厭이니라.
―

　우리는 무슨 일을 할 때 좋은 예감을 기대합니다. 이것은 일의 조짐이기도 합니다. 사람들은 어떤 사소한 것에서부터 일의 성취를 기대하고 꿈을 갖습니다. 한 사람의 일생에서는 태몽으로 그의 삶을 추론해보기도 하고, 일 년은 새해 벽두의 꿈으로 운세를 가늠합니다. 이 같은 풍속은 어느 민족이나 문화 할 것 없이 아주 옛적부터 오늘날에 이르기까지 계속되어 왔습니다. 앞으로도 인간이 존재하는 이상은 끊이지 않을 것입니다.
　일본에서는 정초의 첫 꿈에 이 세 가지가 나오면 길하다는 믿음이 있습니다. 그 세 가지는 후지산·독수리·가지(야채)입니다. 이 셋 모두 에도 막부를 연 도쿠가와 이에야스와 연관이 있습니다. 그가 말년에 후지산이 잘 보이는 슨푸(駿府)의 성에서 지냈고, 독수리 사냥을 좋아했으며, 가지를 즐겨 먹었다고 합니다. 그만큼 검약했다는 것인데, 식중독을 일으켜 죽음에 이르게 한 도미튀김은 그가 생전 처음이자 마지막으로 먹은 성찬이었다고 합니다. 행복은 형체가 없습니다. 삶의 자세가 행복에 대한 감수성을 키워줍니다. 자신에게 충실한 삶이 아름답습니다. 이 복된 삶을 영위하기 위해서는 반드시 지나야 할 관문이 있습니다. 그것은 자기 자신에게서 출발하는 것입니다. 그래서 이 참회업장원은 중요합니다.

앞에서 광수공양원을 설명했습니다. 우리는 누군가 좋으면 뭐든 주고 싶어집니다. 이처럼 이유 없이 주고 싶은 마음이 공양입니다. 사람들은 누군가 나를 즐겁게 해주면 호감을 갖는다고 합니다. 남을 기쁘게 하는 것이 큰 공덕임을 알아야 합니다. 불보살님들께 올리는 것만이 공양이 아니고 일체 중생을 이롭게 하는 것이 공양이라는 말씀을 드렸습니다.

참회(懺悔)는 자기 발전과 변화의 시작입니다.
옛날에 한 여인이 있었습니다. 그런데 얼굴이 언청이였습니다. 신체적 결함을 가진 사람은 그 아픔 때문에 감정이 한 번 폭발하면 감당하기 어렵습니다. 더구나 여성이 자기 외모에 결함이 있으니 그 아픔이 작지 않았을 것입니다. 그런데 어찌어찌해서 시집을 가서 애를 가졌습니다. 산달이 점점 다가올수록 이 여인은 초조하고 두려웠습니다. 이윽고 캄캄한 밤중에 애를 낳았습니다. 그 여인은 몸을 움직이기 어렵고 그 혼미한 와중에도 등

불을 들어 아이의 얼굴을 비춰보았습니다. 왜 그랬을까요? 혹시라도 자신을 닮지 않았을까 걱정하여 아기를 본 것입니다. 이 여인의 아픔을 이해할 수 있다면, 참회의 마음이 어떤 것인지 더 이상 말하지 않아도 알 수 있습니다.

'참(懺)'은 산스크리트 '크샤마(kṣama)'를 음역한 것으로 '뉘우치다', '참다'라는 뜻이고, '회(悔)'는 의역입니다. 부처님 당시부터 제자들은 죄를 참회하는 방법으로 포살(布薩)과 자자(自恣) 등의 의식을 행하였습니다. 포살은 수행자들이 보름마다 1번씩 계사를 모시고 계본(戒本)을 읽으며 계를 범한 수행자가 대중 앞에 자신의 죄를 고백하여 참회하는 의식입니다. 자자는 매년 여름 안거의 마지막 날에 수행자들이 모여 자신의 죄를 뉘우치고 서로의 죄를 비판하며 참회하는 의식입니다.

참회할 때 갖추어야 할 5가지 조건이 있는데, 이를 참회의 오연(五緣)이라고 합니다. 오연은 다음과 같습니다.

① 시방(十方)의 불보살(佛菩薩)을 영접하고
② 참회의 주문을 암송하고
③ 자기의 죄명을 고백하고
④ 서원(誓願)을 세우고
⑤ 부처님의 가르침대로 증명(證明)을 받는 것.

또 소승불교에서 참회하는 방법은 다음과 같습니다.

① 오른쪽 어깨를 드러내고
② 오른쪽 무릎을 땅에 대고
③ 합장하면서
④ 죄명을 말하고
⑤ 대비구(大比丘)의 발에 절하는 것.

이것이 바로 소승의 참회 5법(五法)입니다. 대승불교에서는 소승의 참회 5법 외에 도량(道場)을 청정하게 장엄하고, 향을 땅에 뿌리며, 단(壇)을 설치하는 등의 방법을 써 왔습니다. 다시 말하면 참회란 과거의 지은 죄를 뉘우치고 앞으로 같은 잘못을 되풀이하지 않겠다는 서원을 말합니다. 우리가 자꾸 지난 잘못을 반복하는 것은 진실로 뉘우치지 않았기 때문입니다. 진실로 반성하고 느끼면 아주 쉽게 과거로부터 자유로워지게 됩니다.

"내가 과거 한량없는 겁으로부터 탐내는 마음과 성내는 마음과 어리석은 마음으로 말미암아 몸과 말과 뜻으로 지은 모든 악한 업이 한량없고 가없어, 만약 이 악업이 형체가 있는 것이라면 끝없는 허공으로도 그것을 다 채울 수 없으리니, 내 이제 청정한 삼업으로 널리 법계에 한량없는 세계 모든 불보살님들 앞에 지성으로 참회하되, 다시는 악한 업을 짓지 아니하고 항상 청정한 계행의 모든 공덕에 머물러 있으오리다."

우리가 세상을 살아가면서 얼마나 많은 잘못과 어리석음을 반복하는지 암담한 생각이 듭니다. 탐내고 성내고 어리석은 생각과 행동이 중생의 직접적인 삶을 결정합니다. 따라서 자신을 반추해보고 항상 보다 나은 삶에 대한 믿음을 잃지 말아야 합니다. 악업이 아니라 선업을 향하여 나아가야 합니다. 이런 노력이 쌓이면 공덕이 원만히 구족된 세계에 날 수 있습니다. 아무리 암울한 세상이라 해도 잘 사는 사람과 그렇지 못한 사람이 있듯이, 공덕이 쌓이면 어느 세상에 존재할지라도 그의 삶은 어둡지 않습니다. 자기 구원에 대한 관점도 종교나 문화권에 따라 차이가 있습니다. 각 종교마다 세상의 이치를 달리 해석하기 때문입니다.

유일신을 믿는 종교에서는 이 세상은 신에 의해 창조되었다고 말합니다. 그렇다면 그 신은 어떻게 생겨났는지 의문이 생기게 됩니다. 그들은 그 질문에 대한 답으로 신은 '제1의 원인'으로 존재하기 때문에 그런 법칙을 따르지 않는다고 합니다. 그렇다면 그 신과 피조물 사이에는 어떤 연관관계가 있는지 알아야 합니다. 이에 대해 간단히 설명하자면, 아리스토텔레스는 '목적설'이라 하여 인간의 의지에 신의 모든 것이 담겼다고 했습니다. 그런데 점차 신성(神性)이 강화되면서 피조물과 신은 전혀 다르고, 오직 구원을 통해서만이 천국에 갈 수 있고, 그 자격은 죄의 사함을 받은 자만이 구원을 받아 죽어서 천국에 난다는 것입니다. 이것이 중세 천년을 거치면서 인간 이성에 의한 철학과 과학 기술의 발달로 더 이상 신에 의지하지 않게 됩니다. 그래서 창조론을 말하는 종교는 처음부터 끝까지 믿음을 전제로 합니다. 그 전제를 믿지 않으면 다른 교설이 성립되지 않습니다.

그러나 불교는 철저히 이해하고 바르게 판단하라고 합니다. 이러한 이유로 불교를 철학의 종교라고도 하지만, 꼭 이성적 논리에 국한되는 것은 아니고 단순히 귀의하여 믿고 의지하는 것으로도 충분한 가르침을 보여주고 있습니다. 불교는 이 세상을 "시작도 없고 끝도 없다"고 말합니다. 창조론의 관점이 아니라 연기론적으로 봅니다. 이 세상이 오직 한 가지 색(一色)이면 우리는 보지 못합니다. 또 오직 한 가지 소리(一音)라면 듣지 못합니다. 모든 것이 서로 차별과 부딪침과 상대적 겨룸이 있기 때문에 존재와 성격이 드러나는 것입니다. 그래서 연기론을 말하지 않으면 불교의 세계를 설명하기 어렵습니다. 따라서 불교를 말하려면 반드시 연기론에 입각해야 합니다. 부처님 교설의 핵심이자 다른 교설과의 차이가 여기에 있기 때문입니다. 이 시작도 없고 끝도 없는 과거부터 지은 죄가 얼마나 막중한지 이루 다 말할 수 없습니다. 또 이 죄업이 만들어지는 공식이 있습니다. 중생의 모든 죄업은 신(身)·구(口)·의(意) 삼업(三業)으로 인해서 생깁니다. 몸·말·뜻이 그것입니다. 살생·투도·사음은 몸으로, 이간질 하는 말(양설)·악한 말(악구)·꾸미는 말(기어)·거짓말(망어)은 입으로, 탐·진·치는 생각으로 짓습니다.

그렇다면 이 죄업을 가볍게 하고 없애기 위해서는 어떻게 해야 되겠습니까? 그 시작은 마음의 눈을 떠서 지혜를 갖추는 것으로, 세상의 모든 이치를 알게 되면 단번에 자유로워집니다. 그렇지만 모든 죄업의 이치를 알지라도 과거의 인과는 분명하다고 보기 때문에 자기 행위에 대한 결과는 자신이 돌려받는다고 불교에서는 말합니다. 이것은 우리의 상상과 추론의 한계를 벗어나는 문제이기 때문에 이 정도에서 설명을 그치겠습니다. 아무튼 이 죄업을 벗어나기 위해서는 참회를 해야 합니다. 모든 종교에서 공통적으로 설해지는 핵심이기도 합니다. 불교에서는 참회에 이르는 다양한 방법들이 제시되고 있습니다. 우리가 수계할 때 심지를 팔에 놓고 태우는 연비를 합니다. 이때 뜨거워서 깜짝 놀라는데, 이 순간에 크고 깊은 참회가 이뤄진다고 합니다. 그리고 참회기도를 하는 것입니다.

기도는 입으로 하는 염불수행과 절을 하는 것이 있습니다. 스스로 고통을 감수하는 것입니다. 작게는 108참회부터 540배, 1080배, 3000배, 심지어 하루 만 배를 하는 사람도 더러 있습니다. 하루에 만 배를 하려면 거의 20시간이 넘게 걸린다고 합니다. 절을 하는 것이 기도로는 가장 가피를 많이 느끼게 됩니다. 또 다라니나 독경 같은 입으로 하는 기도가 있습니다. 그리고 선행의 공덕을 짓는 것도 참회의 한 방법이 됩니다. 이와 같이 참회를 하면 심신이 가볍고 경쾌해집니다. 생활에 활력도 생깁니다. 이 긍정적인 에너지는 가정과 직장에도 쉽게 확장됩니다. 기도를 많이 한 사람이 곁에 있는 것만으로도 공덕을 나눠 갖게 됩니다. 왠지 좋은 일이 생길 것 같고 기쁜 마음이 듭니다. 그래서 기도는 내가 하는 것이지만 세상에 전파되어 좋은 세상을 만드는 씨앗이 됩니다.

좋은 동기로 살면서, 주위에 이익을 주는 삶은 고귀합니다. 이 사람이 현전 보살입니다. 모든 보살들이 각각 원을 가지고 있습니다. 그 보살들도 원을 이루기 위해 부처님께 불퇴전의 서원을 하고 공덕을 닦아 나갑니다. 무유피염(無有疲厭), 보살행에 피로를 느끼거나 지치고 싫어하는 마음을 내지 않겠다는 보현행원이 각 서원마다 반복됩니다. 보살의 원이 성취된다는 것은 그 나름의 독자적인 영역을 갖습니다. 그것은 공간적인 부분과 시간적인 부분이 있습니다. 공간의 의미는 그 국토에 있음을 말하고, 시간적 의미는 내가 보살의 가르침대로 행하고 살면 언제 어디에 있더라도 함께 있는 이치입니다. 극락세계는 법장비구가 48대원을 세워서 성취한 세계입니다. 사람이 아프면 약을 먹듯이, 중생의 육신과 마음의 아픔을 위해 약사여래가 계십니다. 약사여래 12대원을 소개하면 다음과 같습니다.

① 나와 남의 몸에 광명이 끝없고 상호가 원만하도록 하겠다는 광명보조원(光明普照願).
② 몸은 유리와 같고 빛나는 광명은 마음의 어두움을 비추어 모든 사업이 생각대로 되도록 하겠다는 수의성변원(隨意成辨願).
③ 중생이 원하는 바를 다 이루게 하겠다는 시무진물원(施無盡物願).
④ 외도(外道)를 불법 속으로, 소승은 대승으로 이끌어 들이겠다는 안립대승원(安立大乘願).
⑤ 청정한 수행을 하는 이가 삼취정계(三聚淨戒)를 갖추도록 하는 구계청정원(具戒淸淨願).
⑥ 불구자의 육체를 온전하게 만들겠다는 제근구족원(諸根具足願).
⑦ 온갖 병을 없애고 위없는 깨달음에 이르게 하겠다는 제병안락원(諸病安樂願).

⑧ 여자의 몸을 버리고 남자의 몸을 받아 성불하게 하겠다는 전녀득불원(轉女得佛願).

⑨ 삿(邪)된 견해를 버리고 정견(正見)을 갖추도록 하겠다는 안립정견원(安立正見願).

⑩ 중생을 도난과 투옥 등의 재난에서 벗어나게 하겠다는 제난해탈원(除難解脫願).

⑪ 음식이 풍족하고 진리를 들어 안락한 경지에 있도록 하겠다는 포식안락원(飽食安樂願).

⑫ 가난하여 헐벗은 이에게 아름다운 옷을 얻게 하겠다는 미의만족원(美衣滿足願).

이 각각의 원을 생각해보면 중생들이 간절히 원하는 것들입니다. 물론 시대에 따라 형태는 달라져도 본질은 똑 같습니다. 그 본질이 뭡니까? 바로 중생이 구하는 바입니다. 취하고 싶어하는 것들입니다. 이 뭔가를 얻고 싶은 마음을 '갈애(渴愛)'라고 합니다. 갈증이 난 사람은 간절한 마음으로 물을 찾습니다. 그러다 물을 만나면 정신이 황망하여 주위의 시선을 생각할 겨를도 없이 허겁지겁 달려듭니다. 중생의 하는 일이 이와 같습니다. 욕망은 굶주린 감정입니다. 채워지기 전에는 좀처럼 멈추지 않습니다. 이런 몸부림은 결코 아름답지 않습니다. 그런데 역설적으로 불보살님들은 이 같은 중생들의 원하는 바를 이뤄 주기 위해 존재합니다. 따라서 단순히 얻는 데서 그치지 말고, 갈증을 어느 정도 해소했다면 이제 정신을 차려서 자신이 누린 가피를 이웃과 세상에 회향을 해야 합니다. 이것이 불보살님들이 중생들에게 인연을 심어 주는 방편입니다. 방편을 잘 쓰고 기회를 잘 만나면 좋은 일들이 생깁니다.

좋은 일은 문밖으로 나가지 못하지만,
(호사불출문好事不出門)

나쁜 일은 천 리까지 퍼져 나간다.
(악사전천리惡事傳千里)

좋은 일로 사람들에게 인정받기까지는 시간이 걸립니다. 선행이 문밖으로 나가기도 어렵습니다. 그러나 나쁜 일이나 악한 행동은 순식간에 천 리까지 퍼져 나갑니다. 세상을 올바르게 산다는 것이 얼마나 어려운지 잘 말해 주고 있습니다.

지금 세계적으로 곡물파동이 심각한 수준입니다. 일단 공급이 수요에 미치지 못하면 가격이 오르고, 투기자본이 끼어들기 시작하면 그때부턴 통제가 불가능하게 됩니다. 지금 세계적인 쌀 생산국들이 다른 품목에 비해 가격이 상대적으로 낮다고 생각하니까 가격을 부풀리기 위해 수출을 통제하고, 곡물시장이 고갈되니까 급격히 가격이 오르는 실정입니다.

국제기아대책기구의 보고에 따르면 현재 전 세계 64억 인구 가운데 매일 기아에 허덕이는 사람들이 8억 명에 이르고 이 가운데 어린이가 3억 명이라 합니다. 지금도 1분에 34명, 하루에 5만 명이 가난과 굶주림으로 죽어가고 있습니다. 우리나라의 곡물자급률은 27.8%, 쌀을 빼면 5%에 불과합니다. 발등에 불이 떨어지니까 이제야 해외식량기지를 건설하겠다고 합니다. 우리나라의 세상을 보고 대처하는 안목이 걱정스럽습니다.

　전통적으로 농경사회인 중국이나 우리나라는 곡식에 대한 정서가 각별했습니다. 옛날에는 '공(公)'에 봉해지면 비로소 사직(社稷)과 종묘(宗廟)를 세울 권리가 생겼습니다. "사람은 땅이 없으면 생존할 수 없고, 곡식이 없으면 먹을 것이 없다"고 했듯이, 토지와 오곡을 가진다는 것은 통치권을 행사한다는 의미입니다. 옛 왕조의 통치자들은 '사단(社壇)'을 세워 토신에게 제사를 지내고, '직단(稷壇)'을 세워 곡신에게 제사를 지냈습니다. 전쟁에서 상대의 종묘와 사직을 우선적으로 궤멸했던 것도 이것이 한 왕조의 시말(始末)을 상징하기 때문입니다. 일반적으로 왕궁을 중심으로 좌측은 종묘, 우측이 사직을 배치했습니다.

　모든 기도는 나를 돌아보는 데서 시작합니다. 이 진지한 뉘우침이 없으면 변화가 따르지 않습니다. 내가 과거 한량없는 겁으로부터 탐내는 마음과 성내는 마음과 어리석은 마음으로 말미암아 몸과 말과 뜻으로 지은 모든 악한 업이 한량없고 가없음을 먼저 뉘우쳐야 합니다.
　'모든 것이 내 잘못입니다.'
　'모든 것이 나 때문에 생긴 일입니다.'
　'내가 잘했으면 세상이 이렇게 될 리가 없습니다.'
　'내 지혜와 내 복이 부족한 까닭입니다.'
　이렇게 되뇌면서 살아가면 항상 좋은 인연이 따라올 것입니다.

명나라 4대 고승 중 한 분인 감산 대사에 대한 얘기입니다.

스님이 열 살 때의 일입니다. 스님의 어머니께서는 아들의 공부를 엄하게 다스렸습니다.

한번은 어머니에게 물었습니다.

"공부는 해서 뭐합니까?"

어머니가 말씀하셨습니다.

"공부를 열심히 하면 관리가 될 수 있다."

"어떤 관리입니까?"

"능력이 없으면 아래부터, 능력만 있으면 맨 위의 재상까지도 될 수 있단다."

"재상이 되고 난 뒤는요?"

"물러나야 되겠지."

"한 평생 죽도록 고생해서 높은 관리가 되어 봐야 결국 퇴직하고 만다면 무슨 소용입니까?"

"글쎄, 네가 그럴 만한 재주나 있을지 모르겠다. 기껏 행각승이나 되면 모를까."

스님이 계속 물었습니다.

"행각승이 뭔데요? 그게 뭐가 좋은가요?"

"부처님의 제자지. 온 세상을 마음대로 돌아다니는데, 어디를 가든 대접을 받는다."

"한번 해보고 싶어요."

"네가 그럴 만한 복이 있을지 모르겠다."

"복이 왜 필요한데요?"

"세상에서 출세하는 사람이야 많지만, 출가하여 부처가 되고 큰스님이 되는 사람은 아주 드물단다."

스님은 부쩍 호기심이 일었습니다. 그래서 더 바짝 어머니 앞으로 당겨 앉으며 물었습니다.

"제게 그런 복이 있다면 과연 어머니께서 날 놓아 주실까요?"

어머니는 주저하지 않고 말씀하셨습니다.

"네가 그런 복이 있다면 놓아 주고말고."

스님은 그때 어머니는 분명히 그럴 분이라고 생각했고, 그 이후로 출가하기로 마음먹었다고 합니다. 불법의 참된 복은 중생을 위한 복임을 알아야 합니다. 부처님의 무량한 공덕을 감사해야 합니다. 싯달타 태자가 출가하여 큰 깨달음을 얻었습니다. 깨달음이 바로 공덕의 바다입니다. 그 바다에 들어가셨으니 일체중생은 부처님의 공덕을 쓰고 누려도 다함이 없게 됩니다. 그래서 보살행을 말씀하셨습니다. 중생에 대한 사랑과 자비가 가장 궁극의 문제입니다. 우리가 이 자리에 함께 있을 수 있는 것은 모든 것이 부처님 공덕입니다.

명대 4대 고승은 운서주굉(雲棲袾宏), 자백진가(紫栢眞可), 우익지욱(藕益智旭), 그리고 감산덕청(憨山德淸) 대사입니다. 이분들은 명나라 말에 불법의 중흥을 위해 애쓰신 분들입니다. 내가 절집에서 생긴 첫 보시는 입산하여 행자생활을 시작하고서 몇 달 지나지 않아서였습니다. 객실에서 머물던 한 신도가 불기를 들고 가는 내 적삼호주머니에 필요한 데 쓰라며

봉투를 찔러 넣고 사라졌습니다. 5천원이었습니다. 그 길로 일주문 앞의 서점에 가서 운서주굉의 《선관책진(禪關策進)》을 샀습니다. 군대에 있을 때도 가지고 있었고, 한 십년은 걸망에 넣고 다녔습니다.

일념삼세(一念三世)!
지금 이 순간에 영원이 있다.

이 세상의 잘못이 나의 어리석음과 탐욕 때문입니다. 우주적으로 보면 사소한 것까지 무한 책임이 따릅니다. 우리 사회의 굶주림과 배고픔은 나의 과식이 부른 결과입니다. 그래서 참회에는 알고 지은 죄도 있지만 모르고 지은 죄도 포함하는 거룩한 행위입니다. 참회의 진정한 의미를 깨달을 때 우리의 영혼은 부쩍 높이 자랄 것입니다.

6

수희공덕원 隨喜功德願
남의 공덕을 기뻐합니다

◉
수희공덕원隨喜功德願
남의 공덕을 기뻐합니다

―

선남자여,
남의 공덕을 같이 기뻐한다는 것은 무엇인가?
온 법계 · 허공계 · 시방삼세 불국토의
수많은 부처님이 처음 발심한 때로부터
모든 지혜를 위하여 복덕을 부지런히 닦을 때에
몸과 목숨도 아끼지 않고
수많은 세월을 지나면서
머리와 눈과 손발까지도 아끼지 않고
헤아릴 수 없이 보시하였느니라.

또 행하기 어려운 고행을 하면서

갖가지 보살의 행을 원만히 갖추었고
보살의 지혜에 들어가
부처님의 가장 훌륭한 보리를 성취하였으며
열반에 든 뒤에는
그 사리를 나누어 공양하였느니라.

이와 같이 온갖 착한 일을 나도 같이 기뻐하며
지옥 · 아귀 · 축생 · 아수라 · 인간 · 천상 등 여섯 갈래 길에서
태(胎) · 란(卵) · 습(濕) · 화(化) 네 가지로 생겨나는
이웃들이 지은 털끝만한 공덕일지라도
내 일처럼 기뻐하느니라.

자기만을 위해 수행하는 소승적인 성문과 벽지불의
배우는 이나 더 배울 것 없는 이의 공덕도
내가 같이 기뻐하며
보살이 행하기 어려운 고행을 하면서
가장 높은 진리를 구하던
그 넓고 큰 공덕도
또한 내가 같이 기뻐하느니라.

이와 같이 하여 허공계가 다하고
우리들 이웃의 세계가 다하고

이웃의 업이 다하고
이웃의 번뇌가 다할지라도
나와 함께 기뻐함은 다하지 않느니라.

순간마다 계속하여 끊임없어도
몸과 말과 뜻에는
조금도 지치거나 싫어함이 없느니라.

復次 善男子야 言 隨喜功德者는 所有 盡法界虛空界 十方三世一切佛刹 極微塵數 諸佛如來 從初發心으로 爲一切智하야 勤修福聚호대 不惜身命을 經 不可說不可說 佛刹極微塵數劫하며 一一劫中에 捨 不可說不可說 佛刹極微塵數 頭目手足하야 如是一切難行苦行으로 圓滿種種波羅蜜門하며 證入種種 菩薩智地하며 成就諸佛無上菩提와 及般涅槃하야 分布舍利하시는 所有善根을 我皆隨喜하며 及彼十方一切世界 六趣四生一切種類의 所有功德을 乃至一塵이라고 我皆隨喜하며 十方三世一切聲聞과 及 辟支佛과 有學 無學의 所有功德을 我皆隨喜하며 一切菩薩의 所修無量難行苦行으로 志求 無上正等菩提한 廣大功德을 我皆隨喜호대 如是 虛空界盡하며 衆生界盡하며 衆生業盡하며 衆生煩惱盡하야도 我此隨喜는 無有窮盡하야 念念相續하고 無有間斷하야 身語意業에 無有疲厭이니라.

신년이면 한해의 다짐을 옛글에서 뽑기도 합니다. 몇 년 전 새해벽두에 대통령은 "부위정경(扶危定傾): 위기를 맞아 잘못됨을 바로 잡고 나라를 바로 세운다"라는 글을 택했는데, 이것은 중국 북주(北周)의 역사서인 《주서(周書)》에 등장하는 "태조가 위기를 맞아 나라를 안정시켜 그 위엄과 권위가 왕을 두렵게 했다"는 데서 비롯된 것입니다. 현 정부 들어 종교 갈등이 없지 않고 각 계층 간의 불화가 적지 않는데, 위기극복보다는 권위에 더 집착하는 게 아닌가 하는 생각이 들었습니다.

또 교수들이 택한 글은 "화이부동(和而不同)"이었습니다. 이 글의 출처는 《논어(論語)》 〈자로(子路)〉 편입니다. "군자(君子)는 화이부동(和而不同)하고 소인(小人)은 동이불화(同而不和)하다"라는 내용입니다. 곧 군자들의 사귐은 서로 진심으로 어울려 조화롭지만 그렇다고 의리(義理)를 굽혀서까지 모든 견해에 같게 되기를 구하지 않습니다. 이에 반해, 소인배들의 사귐은 이해(利害)가 맞으면 의리를 굽혀서까지 같게 되기를 구하지만 서로 진심으로 어울려 조화롭지는 못하다는 말입니다. 소인배는 눈앞의 이익에 급급하기 때문에 별다른 차이가 없으면서도 사람들과 잘 지내지 못합니다. 반면에 군자는 자신을 낮춰 사람들과 뜻을 맞추며 살아도 사람들이 더 우러르기 때문에 같지 않습니다. 평가는 사실 남이 하는 것입니다. 개인의 특수성과 독립성을 유지해야 사회와 인간 사이에 조화가 있다는 말씀입니다. 그런데 우리가 흔히 생각하는 '화(和)'라는 글자는 서로 응답하는 것이라고 하는데, 꼭 그렇게 부드러운 뜻만은 아닙니다. 이 글자는 본래 항복을 나타내는 문자로 적의 군영 문 앞에서 신에게 맹세를 하고 복종을 약속하는 뜻이라 합니다.(시라카와 시즈카, 《한자의 세계》, 솔 출판사, 2008, pp.235-236 참조) 이 해석이 바른 것이라면 서로의 화합은 자신의 뜻을 먼저 굽히고 이익을 양보함으로써 상대의 마음을 우호적으로 만드는 데 있다고 하겠습니다. 상대의 양보를 강권하는 게 아니니까 일상의 조화에 많은 실마리가 있을 것입니다.

<blockquote>
금압향이 타오르는 비단 장막 속
(금압향쇄금수위金鴨香鎖錦繡幃)

콧노래 생황 불며 취하여 돌아가네.
(생가총리취부귀笙歌叢裏醉扶歸)

소년의 이 한 가닥 풍류는
(소년일단풍류사少年一段風流事)

오직 당사자만이 홀로 알고 있을 뿐.
(지허가인독자지只許佳人獨自知)
</blockquote>

위의 게송은 중국 송대의 원오극근(圓悟克勤, 1063~1135) 선사가 쓴 것입니다. 참선에 뜻을 둔 이는 반드시 이 스님을 알아야 합니다. 선가의 보석 같은 어록인《벽암록(碧巖錄)》을 쓴 분입니다. 어려서부터 크게 총명하여 하루 천언(千言)의 글을 외웠다고 합니다. 묘적사에 놀러갔다가 경(經)을 보고는 자기 것을 만난 것 같아 "내가 전생에 사문이었을 것이다" 하고 출가하였습니다. 어느 날 오조 법연(五祖法演, ?~1104) 선사를 찾아가 문답을 펼쳤는데, 선사는 이렇게 말하고는 방으로 들어가 버렸습니다. "자네가 지금은 제법 말솜씨를 자랑하지만 그것만으로는 생사윤회를

벗어날 수 없네. 뒷날 병상에 누웠을 때 외로이 깜박이는 등불을 보며 스스로를 다시 한 번 점검해보라."

혈기 넘치는 원오에게는 이 말이 귀에 들어오지 않았습니다. 그가 산을 내려와 행각을 하다가 그만 독감에 걸려 사경을 헤매는 일이 벌어졌습니다. 그때 문득 지난 문답이 떠올랐습니다. 사람이 의지할 데 없이 홀로 있을 때 자신을 진실하게 만날 수 있습니다. 밝은 낮에 사람들과 섞여 있을 때의 꾸밈과 허영이 무슨 의미가 있겠습니까? 무상한 일입니다. 참 모습이 아닙니다. 스님은 병이 낫게 되면 반드시 오조 화상께 참예하리라 다짐하였습니다.

원오가 다시 돌아오자 오조 선사는 크게 기뻐하면서 "네가 다시 돌아왔느냐" 하고는 곧 선당(禪堂)에 들어가서 시자소임을 보게 하였습니다. 어느 날 진제형(陳提刑)이란 사람이 벼슬을 그만두고 고향으로 돌아가는 길에 동향의 오조 스님을 찾아뵙고 도를 물었는데, 이야기 끝에 오조 스님이 소염시(小艶詩)를 말했습니다.

소옥아 자주 부르지만 볼일이 있어서가 아니라
(빈호소옥원무사頻呼小玉元無事)

낭군에게 제 목소리를 알리려는 것일 뿐!
(지요단랑인득성只要檀郞認得聲)

진 씨가 물러가고 때마침 원오 스님이 밖에서 돌아와 곁에 있다가 물었습니다.

"스님께서 '소염시'를 인용하여 말씀하시는데 진 씨가 그 말을 알아들었습니까?"

"그는 소리만을 들었을 뿐이지."

"그 소리를 들었다면 어찌하여 깨닫지 못했습니까?"

"조사가 서쪽에서 오신 뜻이 무엇인가? '뜰 앞에 잣나무니라!' 잘 살펴보라."

이 말을 듣고는 원오 스님이 크게 깨쳤습니다. 그리고 큰 절을 세 번 올리고 지은 게송이 위의 것입니다. 오도송 치고는 좀 특이합니다. 혼례식 풍광을 빗대서 말했습니다. 혼례식장의 호화롭고 즐거운 분위기입니다. 어린 신랑이 축하주를 잔뜩 마셔서 취한 상태로 신부가 기다리는 방으로 들어갔으니, 그 잠자리 소식이야 신랑신부만 안다는 것입니다. 참 비유가 멋들어지고 유쾌한 일탈이 넘칩니다. 스님은 진리에 눈 뜬 경이로움을 이렇게 표했습니다. 〈의상대사법성게(義湘大師法性偈)〉 가운데 "증지소지비여경(證智所知非餘境)", 즉 증득한 사람만이 알 일이지 그 외의 사람들은 모르는 경지란 말도 이와 같습니다.

이 장에서는 부처님의 공덕을 기뻐해야 하는 이유가 나옵니다.

"수많은 부처님이 처음 발심한 때로부터 모든 지혜를 위하여 복덕을 부지런히 닦을 때에 몸과 목숨도 아끼지 않고, 수많은 세월을 지나면서 머리와 눈과 손발까지도 아끼지 않고 헤아릴 수 없이 보시하였느니라. 또 행하기 어려운 고행을 하면서 갖가지 보살의 행을 원만히 갖추었고, 보살의 지혜에 들어가 부처님의 가장 훌륭한 보리를 성취하였으며, 열반에 든 뒤에는 그 사리를 나누어 공양하였느니라."

이 〈보현행원품〉의 내용이 모든 것을 말해 주고 있습니다. 부처님의 발심과, 부처님의 고행과, 부처님의 보시와, 부처님의 원만행과, 부처님의 보리성취와, 열반 후의 사리 공양의 뜻이 높고 아름답기 때문입니다. 이 진실한 공경의 마음, 기쁘게 따르겠다는 경이로운 마음이 우리를 진리의 사람이 되게 합니다. 부처님이 일체 중생을 제도하고 이끌어 줄 수 있는 것은 당신의 공덕이 그 만큼 크기 때문입니다. 또 그만큼 공덕을 크게 구족하실 수 있는 것은 어떤 인연도 거부하거나 버리지 않기 때문입니다. 영명 선사의 〈팔일성해탈문(八溢聖解脫文)〉에 "실제이지 불수일진 불사문중 불사일법(實際理地 不受一塵 佛事門中 不捨一法)"이라 하여 '진리의 자리에서는 티끌 하나도 용납하지 않으나 일로써 벌어지는 방편의 문에서는 한 법도 버리지 않는' 이치입니다. 그러나 중생은 좋고 싫어함이 분명하여 취사선택을 하기 때문에 항상 구하는 병이 있습니다. 부처님은 중생의 마음에 일어나는 모든 생각과 행위의 원인이 있으며, 나에게 자극이 미치는 밖으로부터의 환경까지 반드시 원인이 있다고 가르칩니다. 그래서 잘 관찰하는 것이 바른 이해를 가져다주고, 이 바른 이해가 생각으로부터의 자유를 가져다주며, 궁극적으로는 생각에는 실체가 없다는 사실을 깨닫는 대해탈의 경지에 다다를 수 있다고 합니다.

부처님께서 코삼비(밧사의 수도)에 머무실 때의 일입니다. 당시 마을 사람들은 한 여성에게 휘둘리고 있었습니다. 그 여성은 예전에 세존으로부터 다소 신랄한 말을 들었기 때문에 세존을 원망하고 있었습니다. 그래서 그녀는 마을 사람들을 선동하고, 세존의 험담을 널리 퍼뜨렸습니다. 이 험담을 듣게 된 아난 존자가 부처님께 아뢰었습니다.

"세존이시여, 이 마을 사람들은 우리의 험담만을 하고 있습니다. 이 마을을 떠나 다른 마을로 가시는 것이 어떻겠습니까?"

"아난다여, 그렇다면 묻겠노라. 그 다른 마을 사람들도 우리를 욕한다면 그대는 어디로 가겠는가?"

"그럼 다시 다른 마을로 옮기겠습니다."

부처님께서 분명한 어조로 말씀하셨습니다.

"아난다여, 다툼이 일어났다면 그것이 진정될 때까지 그 자리에서 참고 견뎌야만 한다. 옮겨 가더라도 그것이 진정된 연후에라야 한다. 전쟁터에 있는 코끼리가 사방에서 날아오는 화살을 견디듯이, 사람들이 가하는 욕을 참고 견디는 것이 우리의 책무이니라."

그리고는 다음과 같이 덧붙이셨습니다.

"아난다여, 걱정하지 말거라. 사람들은 7일 동안은 계속 욕을 할 테지만, 8일째 되는 날부터는 침묵할 것이다."

그 마을 사람들은 정말로 7일이 지나자 험담을 멈추었습니다.

이처럼 불자들이 살아야 하는 자세는 분명합니다. 무슨 일에건 피하지 않는 자세입니다. 바르게 알고, 바르게 말하고, 바르게 참고 견디는 정신을 가져야 합니다. 우리는 부처님의 제자니까 부처님이 일러 주신대로 살아가면 됩니다. 이것이 진정한 공덕입니다. 진리의 자세는 남에게 칭찬받고, 남의 이 같은 자세를 아주 기쁘게 칭찬해야 합니다. 이런 마음이 서로 간에 상승작용을 일으켜 좋은 세상을 만들어갑니다.

일본에 반케이(盤珪, 1622~1693) 선사가 있었습니다. 그 분이 설법할 때면 지위고하, 모든 종파를 막론하고 사람들이 구름처럼 모여들 정도로 유명했습니다. 선사의 절 근처에 살던 한 맹인이 자신의 친구에게 스님에 대해 이렇게 말했다 합니다.

"나는 맹인이라서 사람 얼굴을 한 번도 본 일이 없네. 대신 누구를 만나면 목소리를 듣고 모든 것을 판단할 수밖에 없지. 그러나 나는 목소리를 들으면 미묘한 감정까지 읽을 수 있네. 흔히 남의 좋은 일에 축하하는 소리를 들어보면 그 속에는 시샘이 섞이는 걸 알 수 있지. 또 누군가의 불행에 위로를 한다 하지만 본인은 안도하는 기분이더군. 그러나 적어도 반케이 스님의 목소리는 진실했어. 스님이 행복을 표현할 때면 오로지 행복만이 전해져 오고, 슬픔을 말할 때면 그냥 슬플 뿐이었다네."

이것이 진정으로 남의 공덕을 기뻐하는 자세입니다. 동아시아권의 문화심리는 사람 간의 조화로운 관계를 사회통합의 첫 단초로 봅니다. 서로의 분쟁이 있어도 굳이 재판까지 가는 게 아니라 될 수 있으면 의견조정을 통하여 해결하는 것입니다. 이런 자세는 오늘날까지 지속되고 있습니다. 문제의 원인을 스스로에게서 찾으면 불만족스러운 마음도 훨씬 가벼워질

수 있습니다. 어려울 때일수록 마음을 잘 쓰고 살아야 합니다.

> 가난하면서 원망하지 않기는 어렵지만
> (빈이무원난貧而無怨難)
>
> 부유하면서 교만하지 않기는 쉽다.
> (부이무교이富而無驕易)
>
> － 《논어》〈헌문(憲問)〉편

부유하고 상황이 좋을 때보다 힘들 때 처신하기가 더 어려운 법입니다. 부자들의 교만은 가난한 사람들을 더욱 원망하게 만들기 마련이어서 인간의 역사는 크고 작은 투쟁이 끊이지 않습니다. 그러나 스스로는 원망하고 변명하기보다는 진취적이고 적극적인 자세로 삶을 향상시키는 노력을 포기해서는 안 됩니다. 그런 일상에서 삶의 즐거움이 발견되는 법입니다. 안빈낙도(安貧樂道)와 지족상락(知足常樂)은 의미가 통합니다. 꼭 가난에 편안해 한다는 것이 아니라 자신의 처지를 만족한다는 뜻입니다. 즐거움의 시작은 곧 자기만족입니다. 아무리 가진 게 많아도 부족하다고 느끼는 사람은 평생 쫓기듯이 살아갑니다. 무슨 즐거움이 있겠습니까? 진정한 가난은 영혼의 빈곤입니다. 행복은 실체가 없습니다. 이것은 이해력의 문제입니다. 잘 알아듣지 못하면 그 사람은 항상 어둠 속을 헤매는 고통이 따를 것입니다.

체로키 족 인디언들은 아이가 태어나면 이런 축복을 한다고 합니다.

이제 또 한 사람의 여행자가
우리 곁에 왔네.
그가 우리와 함께 지내는 날들이
웃음으로 가득하기를.
하늘의 따뜻한 바람이
그의 집 위로 부드럽게 불기를.
위대한 정령이 그의 집에 들어가는
모든 이들을 축복하기를.
그의 모카신 신발이
여기저기 눈 위에
행복한 발자국을 남기기를.

- 〈축복의 기도〉

모카신은 들소 가죽으로 만든 인디언들의 신발입니다.

기쁘게 말하십시오.
즐겁게 웃으십시오.
남의 좋은 일을 진심으로 축하하십시오.
진리적인 삶에는 아무 이유가 없습니다.
설명도 필요치 않습니다.
이것이 보살의 삶이고, 남의 공덕을 기쁘게 찬탄한 공덕입니다.

7

청전법륜원 請轉法輪願
설법해 주시기를 청합니다

◉

청전법륜원 請轉法輪願

설법해 주시기를 청합니다

―

선남자여,
설법하여 주시기를 청한다는 것은 무엇인가?
온 법계 · 허공계 · 시방삼세 불국토의
아주 작은 미미한 것에도
수많은 부처님세계가 있는데
그 낱낱 세계 안에서 잠깐 동안에
헤아릴 수 없이 많은 부처님들께서
바른 깨달음을 이루고 여러 보살들이 에워싸고 있느니라.
그때 내가 몸과 말과 뜻의 갖가지 방편으로
설법해 주시기를 청하는 것이니라.
이와 같이 하여 허공계가 다하고

우리들 이웃의 세계가 다하고
이웃의 업이 다하고 이웃의 번뇌가 다할지라도
내가 모든 부처님께
항상 설법해주시기를 청하는 일은 다함이 없을 것이니라.
순간마다 계속하여 끊임없어도
몸과 말과 뜻에는
조금도 지치거나 싫어함이 없느니라.

復次 善男子야 言 請轉法輪者는 所有 盡法界虛空界十方三世 一切佛刹 極微塵中에 一一各有 不可說不可說佛刹極微塵數 廣大佛刹하며 一一刹中에 念念 有不可說不可說佛刹極微塵數 一切諸佛이 成等正覺하고 一切菩薩海會로 圍遶어든 而我悉以身口意業과 種種方便으로 殷勤勸請이 轉妙法輪호대 如是 虛空界盡하며 衆生界盡하며 衆生業盡하며 衆生煩惱盡하야도 我常勸請一切諸佛이 轉正法輪은 無有窮盡하야 念念相續하고 無有間斷하야 身語意業에 無有疲厭이니라.
―

이 장은 "법의 수레바퀴를 굴려주소서" 하는 서원을 담고 있습니다. 곧 설법을 들려주시기를 청하는 원입니다. 불자들은 항상 설법을 듣고 가르침을 들어야 합니다. 유일신을 믿는 종교는 그냥 믿으면 된다고 합니다. 그러나 불교는 '법'이 중심이 되고, 법은 '일체 모든 것'이라는 뜻이 있습니다. 불교는 공부와 수행이 없으면 깊게 들어갈 수 없습니다. 우리가 설법을 청해 들어야하는 이유입니다.

《순자》〈대략(大略)〉에 공자와 제자인 자공 간의 대화가 나옵니다.
자공은 배우는 데 끝이 없고 피곤하니 그만 멈추고 싶다고 솔직히 말합니다. 더불어 군주를 섬기고, 어버이를 섬기고, 처자에게서 쉬고, 친구도 쉬고, 논밭 경작하는 것 등 모든 것을 쉬고 싶다는 말을 합니다. 그래도 공자는 그럴 수 없다고 타이르듯 말씀합니다. 그래서 자공이 이렇게 묻습니다.
"그렇다면 저는 쉴 수 없다는 것입니까?"
이때 공자는 다음과 같이 말합니다.
"저 황야를 바라 보거라. 흰 듯하며 찬 듯하며 막힌 듯하지 않느냐. 그곳이 바로 쉴 곳이지."
자공이 대답했습니다.
"위대하도다, 죽음이여! 군자도 쉬고 소인도 쉴 수 있도록 해주는구나!"

이처럼 우리의 삶은 잠시도 쉬거나 멈출 수 없습니다. 유가의 정신은 "삶도 모르는데 죽음이야 더 말할 필요가 있겠느냐?"는 것입니다. 그래서 유가적인 정신은 죽음 너머의 추상적 능력이 약합니다. 오로지 실존의 삶에서 그 정신을 추구하고 배우고 닦아가는 것을 최고의 덕으로 여깁니다. 물론 죽음이 모든 것을 해결해주고 쉴 수 있도록 해주는 것은 아니지만 현존하는 삶을 두고 볼 때 죽음은 확실히 휴식 같은 기분을 갖게 합니다. 그래서 모든 것은 죽음 앞에서는 평등하게 쉰다고 합니다.

불교에서는 모든 생명이 윤회를 한다고 보기 때문에 시간을 단편적으로 생각하지 않습니다. 이런 형이상학적인 문제로 들어가면 확실히 불교의 세계는 더 많은 것을 설명하고 있습니다. 그러나 유교의 실존하는 현재를 최고의 가치로 보는 정신은 동아시아권의 일반적 정서에 많이 녹아 있습니다. 그런 측면에서 위의 대화를 이해해야 하겠습니다.

나는 이루도 되지 않을 것이며,
(아역부작이루我亦不作離婁)

사광도 되지 않을 것이다.
(역부작사광亦不作師曠)

홀로 빈 창 아래 앉아
(쟁여독좌허창하爭如獨坐虛窓下)

잎 지고 꽃피는 걸 봄만 어찌 같으리.
(낙엽화개자유시落葉花開自由時)

진심으로 기뻐하면 내일처럼 여겨지고 그대로 실천하고 싶은 생각이 깊어지기 때문에 부처님의 모든 수행과 공덕의 이치를 따라서 기뻐하고 찬탄하는 것입니다. 이 장에서는 원오극근 선사의 출가와 수행의 인연을 말씀드리려고 합니다. 수행을 시작하던 단계에서부터 스님께서는 뭐든 다 알고 막히는 게 없는 것 같았습니다. 이것을 식광(識光)이라고 합니다. 식광은 머리가 열려 뭐든 알아버리는 것입니다.

공부를 잘못하면 자기도 모르게 어느새 이 길로 빠지게 됩니다. 그런데 자기 식으로만 아는 데 문제가 있습니다. 모르는 문장을 보여줬을 때 자기 식의 해석이 중요한 것이 아니라 정확히 맞아야 하잖습니까? 이 스님은 막히는 게 없었습니다. 당시의 선지식인 오조법연 선사를 만나서 문답을 하는데도 마찬가지였습니다. 그때 선사의 한마디가 정곡을 찔렀습니다.

"지금은 말솜씨를 자랑하지만 훗날 중병이 들어 병상에 누워서 깜박이는 등잔불을 보며 점검해봐라."

그런데 실제로 아파서 그 입장에 처하고 보니 다 헛것이었습니다. 그때부터 발심해서 공부하여 대도를 성취하였습니다.

위의 게송은 《벽암록》에 나오는 설두중현(雪竇重顯, 980~1052) 선사께서 한 말씀입니다. 이 게송이 나오게 된 배경을 먼저 알아야 합니다.

현사사비(玄沙師備, 835~908) 스님이 대중 법문을 했습니다.

"여러 총림의 고승들이 모두 '사람을 제접하고 중생을 이롭게 한다'고 하나, 갑자기 귀머거리, 봉사, 벙어리가 찾아왔을 때는 어떻게 맞이하겠는가? 봉사에게 백추를 잡고 불자를 곤추세워도 그는 보지 못하며, 귀머거리는 일체의 말을 듣지 못하며, 벙어리에게는 말을 하도록 시켜도 하지 못한다. 이들을 어떻게 맞이할까? 만일 이들을 제접하지 못한다면 불법은 영험이 없는 것이다."

한 스님이 이 말을 듣고 운문 선사를 찾아가 재차 가르침을 청했습니다.

운문 스님이 말했습니다.

"절을 해봐라."

그 스님이 절을 올리고 일어나는데, 운문 스님이 주장자로 밀쳐버리려고 하자, 스님이 뒷걸음질 쳤습니다. 그때 운문 스님이 말했습니다.

"너는 눈이 멀지는 않았구나."

다시 그를 가까이 오라 하여 운문 스님이 말했습니다.

"귀머거리는 아니구나."

그리고는 또 물었습니다.

"알았느냐?"

"모르겠습니다."

"너는 벙어리는 아니구나."

그러면서 "천상천하 널리 세간의 사람들을 살펴보면 눈이 멀고, 귀가 먹고, 입이 벙어리라는 사실을 알지 못하고 있는 것은 가소로운 일이고, 눈이 있으나 보질 못하고, 귀가 있으나 듣지 못하고, 입이 있으나 말하지 못하면 불쌍한 것이다"라고 말했습니다.

젊은 스님은 이 말에 알아차려지는 바가 있었습니다.

'이루'는 《장자》〈천지〉편에 나오는 이주(離朱)로 태고 황제 때의 사람인데, 백 보 밖에서도 터럭 끝을 보는 시력을 가졌다고 합니다. 그렇지만 불법의 바른 이치〔本地風光〕을 볼 수는 없습니다. 또 '사광'은 진(晋)의 평공(平公) 때 사람으로 음악의 대가로 귀가 발달하여 산 너머 개미 싸우는 소리까지 들었지만, 불법의 유현하고 미묘한 묘음(妙音)까지는 듣지 못합니다. 아무리 출중한 육신의 능력이 뛰어나다 할지라도 불법의 궁극적인 진리는 알 수 없으며, 참된 소경과 귀머거리가 된 무심의 경지가 아니면 정법의 색깔과 미묘한 소리를 들을 수 없기 때문입니다.

무엇이 참 불법의 세계입니까?

"나는 이루도 되지 않을 것이며, 사광도 되지 않을 것이다"는 말은 보고 들음에 현혹되지 않겠다는 것입니다. 이 일상의 감각적인 모든 경계를 넘어서야 비로소 부처님 광명의 세계가 나타납니다. 그때는 무엇 하나 진리 아님이 없습니다. 그렇다면 마음의 눈을 뜰 때와 미혹한 상태의 무엇이 다른 지를 생각해봐야 합니다.

이 행원은 설법해 주시기를 청하는 것입니다.

불교는 부처님의 가르침입니다.

부처님의 가르침은 고타마 싯달다가 고행 끝에 깨달은 진리로부터 시작합니다. 그렇다면 그 깨달음은 무엇이고, 무엇에 대한 깨달음인지가 교설의 핵심이 될 것입니다.

불교는 지금으로부터 2,600년 전 인도에서 석가모니 부처님에 의해 탄생했습니다. 불교가 탄생될 당시의 인도 사회는 새로운 종교, 사상의 출현을 절실히 요청하고 있었습니다. 기원전 3,000년경 인더스 강 유역에 건설되었던 사회를 인더스 문명이라고 합니다. 기원전 1,500년경 흑해와 카스피 해의 북동쪽, 코카서스 산맥 너머 지금의 러시아 남부와 중앙아시아에 산재했던 아리아 인들이 이주해 오면서 인도의 문화는 그들에 의해 주도되었습니다. 그들은 그리스, 이란, 그리고 인도 등 세 곳으로 남하했고, 다신신앙체계였습니다. 인더스 강 유역에 도착한 아리아 인들은 원주민을 지배하기 위하여 그들만을 중심으로 하는 종교 사회제도를 확립해

갔습니다. 그들은 사제, 왕 혹은 무사, 평민, 천민의 이른바 사성계급을 제도화했고, 이 중 원주민은 최하층의 천민계급에, 상위 세 계급은 아리아 인들로만 구성되었습니다.

석가모니 부처님의 본래 이름은 싯다르타(悉達多, Siddhārtha)로서 고타마는 그의 성씨입니다. 석가(釋迦, Śākya)족 출신의 성자라 하여 석가모니(釋迦牟尼, Śākyamuni) 혹은 간단히 석존(釋尊)이라 부르기도 합니다. 석가족은 지금의 네팔과 인도 국경 부근에 있었던 하나의 조그마한 왕국이었으며 수도는 카필라바스투였습니다. 고타마 싯다르타는 기원전 560년경에 이 왕국의 정반왕(淨飯王, Śuddhodana)과 마야부인(摩耶夫人, Mahāmāyā) 사이에서 태어났습니다. 태자는 왕궁에서 호화로운 생활을 했으며, 야소다라와 결혼하여 아들 라훌라까지 두었으나 인생고의 문제를 깊이 자각한 후 29세의 나이에 왕궁을 떠나 출가 수행자의 길을 걷습니다. 싯다르타는 갖은 고행 끝에 보리수 밑에서 깊은 선정에 들고는 깨달음(菩提, bodhi)을 얻어 부처, 즉 각자(覺者)가 되었습니다. 부처님의 깨달음, 불교가 시작되는 결정적 사건인 셈입니다. 부처님은 35세 때 성도(成道)한 후 80세에 입적하기까지 45년 동안 주로 마가다 국과 코살라 국을 중심으로 중인도 여러 나라를 돌아다니면서 전법을 하셨습니다.

부처님의 가르침은 부처님의 깨달음에서 나옵니다. 깨달음이 없었다면 불교가 생기지 않았을 것입니다. 결국 부처님의 깨달음의 내용이 부처님의 설법의 요체이고, 이 내용을 책으로 모아 놓은 것을 경전이라고 합니다. 따라서 불자는 이 경전을 반드시 배우고 알아야 합니다.

부처님은 무엇을 깨달으셨을까요? 그것은 바로 연기사상(緣起思想)입니다. 모든 것은 원인과 결과의 상관관계 속에서 이뤄집니다. 이것을 산스크리트어로는 '프라티티야 사뭇파다(pratitya-samutpada, 緣起)'입니다. 'pratitya'는 '~에 의해서', 'sam'은 '함께', 'utpada'는 '일어난다', '형성된다'는 뜻의 글자가 모여서 된 것입니다. 그러니까 어떤 원인이 함께 관계를 맺어 일어나는 모든 법칙이 연기입니다. 여기에는 좋은 것과 나쁜 것이 있습니다. 불교에서는 이 모든 것을 일체법(一切法)이라고 합니다. 그렇다면 이 일체법의 속성이 무엇인지가 중요한 문제입니다. 바로 '무상(無常)', '고(苦)', '무아(無我)'입니다. 이 세상은 잠시도 머물지 않고 변합니다. 그래서 괴로움이 생깁니다. '고(苦)'에 해당하는 산스크리트어는 '두카(dukkha)'로, 'du'는 '배반하다', '어긋난다'는 뜻이 있고, 'kha'는 '하늘'이나 '공허함'을 뜻합니다.

고통이란 것은 세상의 이치와 어긋남으로 인해 생겨나는 상실감 내지 불만족스러움을 가리킵니다. 중요한 것은 이 고(苦)는 고차원적인 우주적 질서 속에서 나오는 괴로움이지, 즐거움의 반대로서의 고통이 아니라는 것입니다. 태어나고 죽는 것도 괴로움입니다. 내가 영원히 소유할 것은 하나도 없습니다. 그리고 그 모든 것은 고정된 실체가 없다는 것입니다. 그냥 이름이 붙여져서 잠시 고정된 것처럼 보일 뿐입니다.

세상의 괴로움이란 과연 무엇인지 바르게 생각하는 것이 큰 공부입니다. 그런데 인간은 세상의 본질과 이치에 대해 잘 모르니까 부처님·부처님 가르침·부처님 가르침에 따라 수행하는 바른 견해를 갖춘 수행자들로부터 끊임없이 배워야 합니다. 그래서 설법해주기를 원하는 보현행원이 있는 것입니다.

불교의 궁극적 목표이자 최고선은 니르바나(Nirvana, 涅槃)라고 할 수 있습니다. 니르바나의 어원적 의미는 번뇌의 불길이 꺼진 상태를 말합니다. 번뇌가 사라져야 마음의 평온을 얻을 수 있습니다.

수행과 기도는 반복되면 힘이 쌓입니다. 수행에는 실천의 마음 자세가 필요합니다. 부처님은 "법(다르마)의 말을 듣는 것만으로도 마음은 깨끗해진다"고 말씀하셨습니다. 다르마와 함께 살면서 행복과 평화를 느끼는 사람은 결코 남을 고통스럽게 하지 않습니다. 스스로 행복하고 평화로울 때만이 남을 행복하게 할 수 있는데, 이것은 단순한 말이 아닌 마음의 심연으로부터 우러나오는 자비이기도 합니다.

팔리어 '라타나(ratana)'는 '보석이나 아름다운 돌'을 뜻합니다. 불교에서 부처님과 부처님의 가르침과 승가는 보석입니다. 그들은 매우 중요합니다. 우리를 행복하게 해주기 때문입니다. 우리를 행복하게 하고, 즐겁게 해주는 것이 라타나의 본질입니다. 반대로 이 삼보는 어떠한 경우에도 우리를 불행하게 하지 않습니다. 인생의 좋은 친구나 벗도 라타나와 같습니다. 삼보의 존재는 우리를 외롭지 않게 하고 바른 길로 인도해줍니다. 우리를 다르마에 머물도록 항상 가피를 내려줍니다. 더불어 함께 가지는 행복, 이 동체대비심이 존재의 핵심입니다.

그때 내가 몸과 말과 뜻의 갖가지 방편으로

설법해 주시기를 청하는 것이니라.

방편이라는 말은 산스크리트어로 '우파야(Upaya)'라고 합니다. 그 의미는 '가까이 간다', '도달한다'는 뜻을 가지고 있습니다. 어떤 목적에 이르게 하기 위한 수단이 방편이지만, 방편으로 인하여 목적에 도달하기 때문에 단순히 수단에 그치지 않고 그 자체로 결과론적인 성격을 갖습니다. 불보살님들이 중생을 교화하기 위하여 수많은 방편을 베푸는데, 방편이라고 해서 가볍게 생각해서는 안 됩니다. 왜냐하면 그 방편 때문에 목적과 결과에 도달하기 때문입니다. 방편과 목적이 한 차원에 있습니다. 중생들은 부처님의 법문을 듣고도 잘 알아듣지 못하는 까닭에 순차적으로 믿음을 내어 불법의 깊은 세계를 깨닫기까지 갖가지 방편에 의지해서 닦아야 합니다. 물론 바로 알아들으면 좋겠지만 그렇게 잘 안 되니까 여러 방편을 사용해서 이해할 수 있도록 하는 것입니다.

내가 모든 부처님께
항상 설법해주시기를 청하는 일은 다함이 없을 것이니라.
순간마다 계속하여 끊임없어도
몸과 말과 뜻에는
조금도 지치거나 싫어함이 없느니라.

그래서 이 행원이 청전법륜원(請轉法輪願)입니다. 법륜(法輪)은 법의 수레바퀴를 말합니다. 법륜이 멈추지 않고 굴러야 불법이 세세생생 전해집니다. 불자들은 누구나 이 원을 가져야 하고 실천해야 합니다. 이 노력을 게을리 하면 법륜이 구르지 않고, 법의 수레도 나아가지 않습니다. 그리고 법문을 즐겨 듣는 습관을 가져야 합니다. 절에서건 법회모임에서건 자꾸 법문을 요청하고 들어야 합니다. 또한 가정에서, 직장에서, 모든 곳에서 만나는 사람과 인연마다 행복의 씨앗이 되어야 합니다. 남이 내 기쁨을 위해 존재하는 것이 아니라 내가 남의 즐거움이 되는 것이 진정한 자비요, 보살의 삶입니다.

모든 것은 한 생각 차이입니다. 좋게 보면 좋게 보이고, 굽어보면 굽어 보입니다. 부처님 마음으로 보면 모든 게 부처님 일이요, 마구니의 눈으로 보면 천지가 아귀다툼입니다. 어떤 마음으로 살아야 하겠습니까?

한 스님이 숲 속에서 좌선을 하고 있었습니다. 점심 공양 때가 되어 가져온 음식을 먹으려는데, 원숭이 한 마리가 다가와서 스님은 조금 나눠 주었습니다. 이튿날도, 그 다음날도 계속하여 원숭이가 나타났고, 스님 또한 계속 음식을 나눠 먹었습니다. 스님과 친해진 원숭이는 아예 공양 때가 되면 옆에 앉아 먹을 것을 기다리기 시작했습니다. 그런데 하루는 스님이 공양거리를 가져오지 못하는 일이 있었습니다. 스님은 하루 굶어도 별 문제가 없었지만, 음식을 얻어먹지 못한 원숭이는 스님을 채근하기 시작했습니다. 옷을 잡아당기기도 하고, 소리를 지르기도 했습니다. 스님이 그 사실을 알고는 말했습니다.

"오늘은 점심을 가져오지 않았다."

말을 알아듣지 못한 원숭이는 포기하지 않고 계속 옷을 뒤적거리며 소란을 피워댔습니다. 참다못한 스님이 조용히 하라며 옆에 있는 막대기를 원숭이에게 던졌습니다. 단지 겁을 주려고 했는데, 그만 원숭이가 죽어버렸습니다.

그 스님은 원숭이에게 먹을 것을 주면서도 보시바라밀을 생각하지 않았습니다. 만약 보시바라밀이라는 생각을 하고 있었다면 원숭이에게 먹을 것을 거르는 일이 없었을 것입니다. 보시행은 하나의 고결한 수행입니다. 오히려 용서를 구하고 사과를 해야 마땅합니다. 바라밀의 행은 이처럼 심오합니다.

우리는 행복해지고 싶어합니다. 그렇다고 콕 집어서 행복이 뭐라고 정의를 내리기도 어렵습니다. 불행도 마찬가지입니다. 왜 정의내리기가 어렵냐 하면 생각하기에 따라서 세상과 삶의 형태가 바뀌기 때문입니다. 그렇지만 마음을 찬찬히 들여다보면 생각이란 것이 실체도 없습니다. 결국 행복은 자세의 문제로 귀결됩니다. 어떤 자세로 사느냐에 따라서 우리의 인생은 전혀 다른 길로 접어들게 됩니다. 그래서 부처님은 좋은 삶의 자세가 공덕을 가져온다고 말씀하십니다. 좋게 보고 좋게 생각하라는 것입니다. 이 마음이 우리를 행복하게 하고 삶의 즐거움을 가져옵니다.

불교에서는 모든 행위가 바라밀(波羅密)로 귀착됩니다. 산스크리트어 '파라마(parama: 최고)'에서 파생된 말로, 이것은 태어나고 죽는 현실의 괴로움에서 번뇌와 고통이 없는 경지인 피안으로 건넌다는 뜻입니다. 바라밀의 실천은 보살 수행 기간을 몇 겁에 걸치는 엄청나게 긴 기간으로 늘려 놓는 한편, 깨달음의 과정은 한 개인만이 아닌 온 세상을 위한 실천행으로 확장됩니다. 대승불교에서는 바라밀의 실천이 특히 강조됩니다. 통상 육바라밀이 널리 설해지지만 대승 이전의 문헌에서는 십바라밀이 열거

되기도 합니다.

바라밀은 차원의 변화이기도 합니다. 월 백만 원 버는 사람이 2백만 원을 벌려면 엄청난 노력이 있어야 합니다. 또 만년 과장이 승진하려면 어지간한 몸부림으로는 되지 않습니다. 이것이 세속의 바라밀입니다. 매번 똑같은 상황에서 한 단계 향상하는 것입니다. 그래서 부처님은 공덕을 지으라고 합니다. 공덕은 지금보다 더 나아지는 모든 조건입니다. 이 공덕을 근본 바탕으로 해야 발전이 있습니다. 농사를 지으려면 농부에게 종자가 있어야 하는 것처럼 공덕이라는 종자가 있어야 세상을 풍요롭게 살 수 있습니다.

충분히 행복하고, 아무것도 버릴 것이 없는 보물창고가 내 안에 있습니다. 장미의 비밀은 장미 속에 있습니다. 튤립의 비밀은 튤립에 있고. 새의 비밀은 새 속에, 물의 비밀은 물에 있습니다. 마찬가지로 나의 비밀은 내 안에 있습니다. 부처님은 이것을 잘 살펴보는 것이 수행 중에 큰 수행이고, 공덕으로도 큰 공덕을 성취하는 비결이라고 말씀하십니다.

이와 같이 하여 허공계가 다하고
우리들 이웃의 세계가 다하고
이웃의 업이 다하고 이웃의 번뇌가 다할지라도
내가 모든 부처님께
항상 설법해 주시기를 청하는 일은 다함이 없을 것이니라.
순간마다 계속하여 끊임없어도
몸과 말과 뜻에는

조금도 지치거나 싫어함이 없느니라.

보현행자의 서원과 실천은 중단이나 그침이 없는 광대무변한 대원력의 약속입니다. 누가 시키거나 억지로 떠밀어서 생기는 마음이 아닙니다. 오직 스스로의 원력으로 이 세상을 행복으로 이끄는 염원입니다. 이런 원력 때문에 부처님께서 법의 수레바퀴를 굴려주시기를 바라고, 자신 또한 법문을 즐겨듣겠다는 말씀이었습니다.

8
—
청불주세원 請佛住世願
부처님께서 세상에
오래 계시기를 청합니다

◉

청불주세원請佛住世願

부처님께서 세상에 오래 계시기를 청합니다

―

선남자여,
부처님께서 세상에
오래 계시기를 청한다는 것은 무엇인가?
온 법계·허공계·시방삼세
모든 불국토의 수많은 부처님이
열반에 드시려 하거나
또는 보살, 성문, 연각의
배우는 이와 더 배울 것 없는 이와
선지식들에게 열반에 들지 말고
무량겁이 지나도록
세상에 오래 머무르면서

모든 이웃을 이롭게 하여 달라고 청하느니라.

이와 같이 하여 허공계가 다하고

이웃의 업이 다하고

이웃의 번뇌가 다할지라도

나의 권청하는 일은 다하지 않느니라.

순간마다 계속하여 끊임없어도

몸과 말과 뜻에는

조금도 지치거나 싫어함이 없느니라.

復次 善男子야 言 請佛住世者는 所有 盡法界虛空界 十方三世 一切佛刹 極微塵數 諸佛如來 將欲示現般涅槃者와 及諸菩薩과 聲聞緣覺인 有學無學과 乃至一切諸善知識에 我悉勸請호되 莫入涅槃하고 經於一切佛刹極微塵劫을 爲欲利樂一切衆生하소서 하나니라. 如是 虛空界盡하며 衆生界盡하며 衆生業盡하며 衆生煩惱盡하야도 我此勸請은 無有窮盡하야 念念相續하고 無有間斷하야 身語意業에 無有疲厭이니라. ─

옳다 그르다 일체 상관하지 말라
(시시비비도불관是是非非都不關)

산이면 산, 물이면 물 스스로에 맡기니 한가롭지 않은가
(산산수수임자한山山水水任自閑)

서방 극락세계 어디냐고 묻지 말라
(막문서천안양국莫問西天安養國)

흰 구름 걷히면 청산인 것을
(백운단처유청산白雲斷處有靑山)

위 글은 임제의현(臨濟義玄, ?~867) 선사의 말씀입니다.

"선시불심(禪是佛心) 교시불어(敎是佛語)"라는 말이 있습니다. 선(禪)은 부처님 마음이요, 교(敎)는 부처님 말씀입니다. 팔만대장경이 부처님의 교설입니다. 방대한 양을 일일이 다 펼쳐놓고 보기가 난망하지만, 교설의 핵심은 마음 밝힘에 귀결됩니다. 초기불교에서는 점차적으로 닦아가는 수행의 전통이 있었습니다. 나중에 불교가 중국으로 전래되어 중국적인 사유의 틀에 녹아들면서 새로운 수행체계가 만들어지게 됩니다. 그 중에 가장 큰 특색이 오로지 마음을 닦아 단번에 견성성불한다는 논리입니다. 참선 수행이 바로 이런 문화 속에서 생겨났습니다. 그래서 경전을 익히는 것도 중요하고, 참선 수행에 대한 바른 이해를 갖는 것도 불자로서 지나쳐서는 안 됩니다.

임제 선사가 발우를 들고 어떤 노파의 집 문 앞에 갔다.
"살림 형편에 따라 발우를 채워 주시오."
노파가 문을 열고 대답했다.
"만족을 모르나 봅니다."
선사가 다시 말하였다.

"밥도 얻지 못했거늘 어찌 만족할 줄 모른다하오."
노파가 문을 닫아 버렸다.

― 《선문염송》

이것은 단순한 노파와의 실랑이가 아니라 법담입니다. 발우를 내밀면서 채워보라고 한 것은, 눈에 보이는 밥으로는 가능하지만 채울 수 있는 법이 얼마인지 시험해보는 것입니다. 법은 보이지 않지만 도인의 말 한마디는 사람을 바꿔놓기도 합니다. 말 한마디로 사람을 들었다 놨다 할 수 있는 게 법력입니다. 노파는 스님을 보고 만족을 모른다고 했습니다. 단순한 공양을 얻기 위한 것으로 봤을 수도 있습니다. 그래서 다시 "얻은 것이 없는 데 만족을 말할 것이 있느냐?"고 되물었습니다. 그런데 노파가 문을 닫아버렸습니다. 이것을 어느 한 선지식이 이렇게 한마디로 평했습니다. "똥 위에 똥을 더해 뾰족하게 한다.(시상갱가첨屎上更加尖)"

똥 위에 똥을 더해 뾰족하게 한 것이 대단할 리 없습니다. 즉 틀렸다는 말입니다.

내가 옳다는 전제조건을 놓고 시작하면 의견 차이를 좁히기 어렵습니다. 여러 사람이 함께 길을 갈 때 서로 앞서 가려 하면 넓은 길도 좁아 보입니다. 그러나 좁은 산길도 한 발씩 물러나 양보하면 아무 문제를 느끼지 못하는 것과 같습니다. 산은 산대로, 물은 물대로, 바람은 바람대로, 꽃은 꽃대로, 바위는 바위대로, 모든 존재는 나름대로 편안하게 존재하는데 굳이 지켜보는 사람만 어쩔 줄 몰라 합니다. 마음을 쉬고 바라보면 온 세상이 평화롭게 보입니다.

벌써 여러 해가 지나도록 경제적인 여건이 불확실하고 좀처럼 침체의 늪에서 빠져나오지 못하고 있습니다. 흔히 위기(危機)를 어렵게만 생각하고 두려워하는데 꼭 그럴 일도 아닙니다. '위(危)'는 말 그대로 위태롭고 두려운 상태를 말합니다. 그런데 '기(機)'는 '기회'를 뜻합니다. 위기는 현 시점까지 진행되어진 상태에 대한 조정을 요구받는 것입니다. 따라서 위기를 잘 넘기면 체질이 튼튼해지고 새로운 안목과 방향전환이 생길 수 있는 더 없이 좋은 기회입니다. 문제는 얼마나 정확히 위기를 인식하느냐의 여부입니다. 부처님께서는 이 세상을 있는 그대로 분명하게 보라고 하셨습니다. 마음을 닦는 것은 물론이고, 세상을 잘 살아가는 비결도 바로 여기에 있습니다.

앞의 청전법륜원(請轉法輪願)에 이어 이번에는 청불주세원(請佛住世願)에 대해 설명 드리겠습니다.

부처님께 이 세상에 오래 머물러 주시기를 청한다는 것은 부처님이 계셔야만 바른 법을 들을 수 있기 때문입니다. 모든 불국토의 수많은 부처님이 열반에 드시려 하거나 열반에 들지 말고 무량겁이 지나도록 세상에 오래 머무르면서 모든 이웃을 이롭게 하여 달라고 청하면서, 이 원을 세세생생 멈추지 않겠다는 보현행원을 항상 기억해야 합니다. 부처님께서 이 세상에 머물러 주시기를 발원하는 것은 부처님은 지혜를 갖추신 분이기 때문입니다. 우리는 그 지혜를 배우려는 마음을 가져야 합니다.

'지혜'를 뜻하는 '반야(般若)'는 산스크리트어로 '프라즈냐(Prajna)'라고 하며, 팔리어로는 '판냐(panna)'라고 합니다. 반야는 바로 팔리어

'panna'의 음역입니다. 지혜(智慧)는 '최고의 지혜, 즉 깨달음에 이르신 부처님의 밝은 지혜'를 의미합니다.

'앎'에 해당하는 그리스어는 '보았다(theoria)'는 의미가 있고, 독일어 '안다(wissen)'는 말은 '본다'라는 뜻이 있다고 합니다. 이 'wissen'이라는 단어는 라틴어 'videre'와도 어원이 같습니다. 알 수 없는 우주의 질서에 대한 지속적인 성찰이 있어야 실상을 바로 봅니다.

미국의 철학자 수잔 울프는 정신이상에 대한 색다른 관점을 제시합니다. 흔히 미쳤다고 하는 정신이상이란 다른 사람들은 이해하는 것을 당사자가 이해하지 못하는 상태로, 자기가 무엇을 하고 있으며 그 행동이 지닌 도덕적 의미가 무엇인지 이해하지 못하는 경우라고 합니다. 다시 말해 정신이상이란 다른 사람들에 비해 세계를 덜 정확하게 이해하는 사람입니다.

우리가 행복하다고 느낀다면 그것은 행복에 속합니다. 행복한 상태란 만족해서 즐거운 상태를 말합니다. 즐거운 느낌이 수반되지 않는 행복은 행복이라 할 수 없습니다. '즐거움'에 해당하는 그리스어는 '헤도네(hedone)'로 '달콤함'의 뜻이 있습니다. 물론 단순한 쾌락과는 근본적으로 다릅니다. 흔히 기분이라는 마음의 상태를 말하는데, 그것은 다양한 방식으로 기분에 사로잡혀 있거나 또는 그런 기분을 갖고 있는, 느껴지거나, 느끼는 상태입니다. 어떤 자극으로부터 마음의 움직임이 있고, 그 느낌을 알아차리면 어떤 기분을 갖게 되는 것입니다. 그러니까 행복하다고 느낀다면 그 사람은 행복한 상태에 있다는 말과 같습니다.

오랜 우화를 소개합니다.

옛날 한 물고기가 물에 나갔다 온 거북이를 만났습니다. 물고기가 물었습니다.

"자네 요즘 보이지 않던데, 어딜 다녀 온 건가?"

거북이 대답했습니다.

"뭍에 다녀온 길이라네."

다시 물고기가 물었습니다.

"뭍이라고? 거기가 어딘가?"

"그곳은 물 밖에 있는 마른 땅이라네."

"마른 땅이라고? 세상에 그런 곳이 어디 있나. 상상도 할 수 없는 얘기를 하고 있군."

"자네로서는 그렇게 밖에 말할 수 없겠지만, 아무튼 난 그곳을 다녀왔네."

물고기가 화가 치밀어 큰소리를 쳤습니다.

"그럼 말해보게. 뭍이란 곳이 뜨거운가, 차가운가, 깊은가, 얕은가, 맑은가, 흐린가, 빠른가, 느린가 아니면 조용히 멈춰있던가, 거품은 얼마나 일던가?"

거북이 뭍에서는 그런 것과는 다르지만 물과는 다르다고 설명을 해도 물고기는 코웃음을 쳤습니다.

"그렇다면 아무것도 아니지 않는가? 내가 물은 것에 하나도 맞지 않으니 그게 도대체 무엇이란 말인가?"

물고기는 물로서 뭍의 세계를 상상해보려고 하지만 거북이는 그곳에 대해 더 이상 설명할 방법이 없었습니다. 그곳이 존재하기는 하지만 물고기가 생각하는 세계와는 근본적으로 다르기 때문이었습니다. 이처럼 우리가 부처님의 가르침을 이해하려 하지만, 생각의 범주에 머무르면 결코 대자유의 세계를 알지 못합니다. 생각을 바꿔야 합니다. 지금까지의 생각을 놓아버려야 합니다. 중생의 거짓된 생각이 문제입니다. 무상한 것을 변하지 않는 영원한 것이라고 생각합니다. 중생이 이처럼 진리와는 상관없이 자기 식으로만 생각하면서 그게 옳다고 고집하기 때문에 마음의 눈을 뜨는 것이 간단한 일이 아닙니다.

부처님은 "이 세상에 가장 의미 있는 일은 일체의 법에 눈을 뜨는 것이고, 그 길에 나아가기 위해 법을 즐겨 듣는 것이다"라고 했습니다. 그래서 정법을 듣기 위해 부처님께서 더 머물러 계시기를 발원하는 것입니다. 이 지혜광명을 만나지 못하면 우리는 두 눈을 떴지만 암흑천지에 사는 사람입니다.

무량겁이 지나도록
세상에 오래 머무르면서
모든 이웃을 이롭게 하여 달라고 청하느니라.

부처님과 모든 성인들과 높은 깨달음을 얻은 선지식들이 이 세상에서 존재하는 이유가 분명하게 드러났습니다. 모든 생명들을 이롭게 하기 위함입니다. 이 이로움은 모든 생명을 행복하게 하고 살찌게 하고 즐겁게 살아가도록 해줍니다. 바른 가르침을 가까이 하지 않는다는 것은 이로울 수 있는 소중한 보물을 멀리 보내버리는 것과 같습니다. 무엇이든 그 가치를 아는 사람에게는 소중하고 무엇 하나 버릴 것이 없습니다.

> 군자는 마음이 여유롭고 소인은 항상 근심한다.
> (군자탄탕탕 소인장척척君子坦蕩蕩 小人長戚戚)
>
> — 《논어》〈술이(述而)〉편

세상의 이치를 알면 마음을 관대하게 쓰기 때문에 여유가 생깁니다. 그러나 모르면 항상 근심 걱정으로 살아갑니다. 만족을 모르면 좀처럼 즐거움이 없습니다. 마음을 유쾌하고 즐겁게 가져야 합니다. 유대민족의 특성 중의 하나가 어떤 상황에서도 잃지 않는 웃음과 유머라고 합니다. 좋고 나쁜 모든 것이 나의 스승 아닌 게 없음을 알아야 합니다.

《화엄경》〈현수품(賢首品)〉에는 문수보살이 청정행의 대공덕을 말하고 나서 다시 보리심의 공덕을 보이려고 현수보살에게 수행공덕을 말하게 하고, 이에 현수보살이 신심의 공덕과 공덕의 능함을 다음과 같이 게송으로 설하고 있습니다.

> 신심은 도의 근원이며 공덕의 어머니라
> (신위도원공덕모信爲道元功德母)
>
> 모든 선한 법을 길러내며
> (장양일체제선법長養一切諸善法)
>
> 의심의 그물 끊고 애정 벗어나
> (단제의망출애류斷除疑網出愛流)

열반의 위없는 도 열어 보이고
(개시열반무상도開示涅槃無上道)

믿음은 썩지 않는 공덕의 종자이고
(신위공덕불괴종信爲功德不壞種)

믿음은 보리수를 생장케 하며,
(신능생장보리수信能生長菩提樹)

믿음은 수승한 지혜 증장케 하고
(신능증익최승진信能增益最勝智)

믿음은 온갖 부처님을 드러내도다.
(신능시현일체불信能示現一切佛)

　공덕의 어머니라는 것은 아이를 잉태하듯이 공덕의 씨앗을 생겨나게 하기 때문에 비유로 말한 것입니다. 이 믿음이 생기고 나야 모든 선법(善法)이 길러집니다. 이 '선(善)'이라는 글자는 '좋다', '착하다', '아름답다' 등의 의미가 있습니다. 공덕은 나에게 결과적으로 좋게 작용하는 씨앗입니다. 중간에 꺾이지 않고 계속 자라나게 하려면 보살핌이 필요합니다. 굳건하고 바른 믿음이 공덕의 근원이고 자양분이 됩니다. 그래서 궁극에는 모든 일마다 부처의 행 아님이 없고 부처의 말 아닌 게 없습니다.

허공계가 다하고
이웃의 업이 다하고

이웃의 번뇌가 다할지라도

　　나의 권청하는 일은 다하지 않느니라.

　무엇을 부처님께 청하느냐면, 세상에 오래 머물러주시기를 청하는 것입니다. 부처님은 일체중생을 이롭게 합니다. 이로운데 싫어하거나 거절할 이유가 없습니다. 그래서 이 장의 발원이 청불주세원(請佛住世願)입니다.

　'처염상정(處染常淨)'은 '더러운 곳에 있으면서도 항상 물들지 않고 청정함을 잃지 않는다'는 의미로 연꽃을 비유해 쓰이는 말입니다. 연꽃이 진흙에 뿌리를 내리고 있지만 아름다운 꽃을 피웁니다. 1951년에 교토의 신석기 유적에서 연 씨앗 세 개를 발견하여 그 중 두 개의 싹을 다시 틔운 적이 있었습니다. 수 천 년에 이르는 그 긴 세월을 버텨온 생명력이 경이롭기만 합니다. 이 사바세계의 물듦으로부터 자유롭지 못하면 뿌리 없이 꽃을 피우려는 것과 같습니다. 땅과 습지에 뿌리를 내리지 않고 꽃을 피우는 식물은 없습니다.

　부처님께 사바세계의 중생들의 이익을 위하여 세상에 더 머물러 주시기를 원하는 보현행원의 정신을 생각하고, 진정한 불사는 중생의 삶 속에 발현되어야 함을 기억해야 하겠습니다. 깨달음이 궁극의 끝이란 생각을 해서는 안 됩니다. 깨달으면 바른 법을 알게 되고, 그렇기 때문에 고해에서 신음하는 중생들을 위해 나그네가 길을 떠나듯이 교화의 길을 나서야 합니다. 그때가 비로소 부처님 역사의 시작입니다. 깨달음이 시작이 아니고 깨달음 이후가 진정 할 일이 생기는 때입니다. 개인의 안락을 위한 수행이라면 우주법계에 무슨 이익이 있겠습니까? 부처님을 가까이 모시고 싶은 마음에 대한 경전의 이야기가 있습니다.

부처님이 카필라바스투 니그로다 동산에 계실 때의 일이다. 여름 안거를 마친 부처님이 다른 곳으로 떠날 것을 안 재가신자 마하나마가 부처님을 찾아뵙고 이렇게 말했다.

"부처님, 제가 식당에서 여러 비구들이 하는 말을 들으니 가사를 다 꿰매면 곧 다른 곳으로 떠나실 것이라 하였습니다. 저는 아직 근기가 천박하여 부처님이 안 계시면 사방이 아득하여 들은 법도 다 잊어버릴 것 같습니다. 이제 부처님과 여러 친한 스님들과 헤어지면 언제 다시 만나 뵈올 수 있을는지요?"

마하나마의 청은 요컨대 부처님이 더 오래 있어 주었으면 하는 것이었다. 이에 대해 부처님은 이렇게 마하나마를 달래셨다.

"마하나마여, 너무 섭섭해 하지 말라. 네가 참으로 믿음이 깊은 신자라면 여래가 곁에 있거나 없거나, 친한 비구들을 보거나 보지 않거나 항상 다섯 가지 바른 법을 생각하고 닦으라. 그러면 너는 항상 여래와 그 제자들과 함께 있는 것이 되리라. 다섯 가지란 어떤 것인가. 첫째는 바른 믿음을 갖는 것이요, 둘째는 계율을 잘 지키는 것이요, 셋째는 자주 설법을 듣는 것이요, 넷째는 널리 보시를 행할 것이요, 다섯째는 바른 지혜를 갖는 것이다.

마하나마여, 재가신자는 이 다섯 가지 법에 의지해 여섯 가지 공덕을 잘 닦아야 하리니 여섯 가지란 어떤 것인가. 첫째는 '여래는 나의 스승'이라고 믿는 것이요, 둘째는 '불법은 가장 귀한 것'이라고 믿는 것이며, 셋째는 승단은 '가장 청정한 집단'이라고 믿는 것이며, 넷째는 '계율은 가장 깨끗한 것'이라고 믿는 것이며, 다섯째는 '보시는 가장 훌륭한 공덕'이라고 믿는 것이며,

여섯째는 '이러한 믿음의 공덕으로 천상에 태어날 것'이라고 믿는 것이다. 마하나마여, 나의 재가제자는 항상 이상과 같은 열한 가지 법을 잘 닦고 성취하면 내가 있으나 없으나 결정코 그 성취가 허물어지지 않을 것이니라."

- 《잡아함》〈십일경(十一經)〉

"곡불장직(曲不藏直)"이라는 말이 있습니다. '곡선을 직선 속에 숨길 수 없다'는 뜻입니다. 세상 만물은 각자의 결이 있어서 언뜻 보면 다 비슷한 것 같지만, 자세히 들여다보면 유별하여 일정하지 않습니다. 직선과 곡선은 서로 이해되기 어려운 측면이 있습니다. 제자가 스승을 보는 눈도 마찬가지입니다. 제자는 스승의 마음을 모릅니다. 부처님께서 안거를 마치고 떠나려 하자 재가신자인 마하나마는 이별을 받아들일 수 없었습니다. 그때 부처님은 의지해야 할 다섯 가지 법과 여기에 의지해 닦아야 할 여섯 가지 공덕을 말씀하셨습니다. 다섯 가지 법이 계율의 측면이라면, 여섯 가지 공덕은 믿음이 근간이 됩니다.

여래는 나의 스승, 불법은 가장 귀하며, 승단을 믿고, 계율을 수호하고, 보시의 공덕을 쌓고, 천상에 태어나는 등의 일들이 모두 굳건한 믿음에 기초합니다. 우리가 부처님의 교설을 모두 이해할 수 없기 때문에 판단의 한계를 넘어설 때는 순수한 믿음이 필요합니다.

이 세상에 끝은 없습니다. 보현행자는 끝없는 길 위에 놓인 원력보살이고, 그는 중생을 위한 일념으로 살아갑니다. 이것이 보현행자가 살아가야 할 삶의 진실입니다.

9
상수불학원 常隨佛學願
부처님을 본받아 배우겠습니다

상수불학원 常隨佛學願
부처님을 본받아 배우겠습니다

―

선남자여,
부처님을 본받아 배운다는 것은 무엇인가?
이 사바세계에 오시기까지 비로자나 부처님께서
처음 발심한 때로부터 정진하여 물러나지 않으시고
수없이 몸과 목숨을 보시하고, 살갗을 벗겨 종이를 삼으며, 뼈를 쪼개 붓을 삼고, 피를 뽑아 먹물로 삼아서 경전 쓰기를 수미산만큼 하였느니라.
부처님은 법을 소중히 여기셨기 때문에
목숨도 아끼지 않았는데
하물며 제왕의 자리나 도시나 시골 궁전이나 동산과 재산이 무슨 소용이며 갖가지 어려운 고행인들 어찌 문제될 수 있었겠는가.

보리수 아래서 정각을 이루던 일이며, 여러 가지 신통을 보이고 변화를 일으키며, 많은 대중이 모인 곳에서 여래의 화신을 나타내기도 하였느니라.

보살들이 모인 도량이나 성문과 벽지불이 모인 도량,

이 세상을 진리로써 다스리는 전륜성왕과 작은 나라의 왕과 그 권속들이 모인 도량,

혹은 군인·바라문·부호·거사들이 모인 도량, 심지어 천·용 등 팔부신중과 인비인(人非人)들이 모인 도량에서 우레와 같은 음성으로 법을 설하여 그들의 소원에 따라 이웃들의 기틀을 성숙시키고 마침내 열반에 드신 이와 같은 일들을 내가 모두 본받아 배우느니라.

지금의 부처님께 하듯이 온 법계·허공계·시방삼세 모든 불국토의 부처님들의 자취도 본받아 배우느니라.

이와 같이 하여 허공계가 다하고, 우리들 이웃의 세계가 다하고, 이웃의 업이 다하고, 이웃의 번뇌가 다할지라도 나의 이 본받아 배우는 일은 다하지 않을 것이니라.

순간마다 계속하여 끊임없어도 몸과 말과 뜻에는 조금도 지치거나 싫어함이 없느니라.

復次 善男子야 言 常隨佛學者는 如此娑婆世界 毘盧遮那如來 從初發心으로 精進不退호되 以不可說不可說 身命으로 而爲布施하며 剝皮爲紙하고 析骨爲筆하며 刺血爲墨하야 書寫經典을 積如須彌라도 爲重法故로 不惜身命이어든 何況王位城邑聚落이며 宮殿園林이며 一

切所有와 及餘種種難行苦行이며 乃至樹下에 成大菩提하고 示種種神通하며 起種種變化하야 現種種佛身하며 處種種衆會호대 或處一切諸大菩薩衆會道場하며 或處聲聞及辟支佛 衆會道場하며 或處轉輪聖王 小王眷屬 衆會道場하며 或處利利及婆羅門 長者居士衆會道場하며 乃至 或處天龍八部人非人等衆會道場하야 處於如是種種衆會호되 以圓滿音이 如 大雷震하야 隨其樂欲하야 成熟衆生하며 乃至示現 入於涅槃하는 如是一切를 我皆隨學호대 如今世尊毘盧遮那하나니 如是하야 盡法界虛空界 十方三世 一切佛刹 所有塵中의 一切如來도 皆亦如是하야 於念念中에 我皆隨學하나니라. 如是 虛空界盡하며 衆生界盡하며 衆生業盡하며 衆生煩惱盡하야도 我此隨學은 無有窮盡하야 念念相續하고 無有間斷하야 身語意業에 無有疲厭이니라.

―

상수불학원(常隨佛學願), 부처님을 항상 따라 배우기를 원한다는 서원입니다. 해가 뜨고 지는 것처럼 주기가 어긋나지 않아야 항상하다고 할 수 있습니다. 공자도 "꾸준하면 비로소 성실하다고 할 수 있다"고 했습니다. 기차가 철로를 따라 가듯이 부처님께서 말씀해 놓으신 마음 닦는 길대로만 흔들림 없이 가면 됩니다. 이 길은 또한 배움의 길이기도 합니다. 배우지 않고 이뤄지는 일은 없습니다.

동서양을 막론하고 진리에 대한 배움의 열정은 오랜 세월 동안 전해져 왔습니다. 고대 그리스 아테네에 소크라테스(기원전 470~399)라는 철학자가 살았습니다. 그는 진리에 이르는 방법으로 대화를 제시했습니다. 이것은 그냥 일상적인 대화가 아니라 진리에 대한 문답이었습니다. 물론 처음부터 진리를 말할 수는 없습니다. 일상에서부터 보다 근원적인 이치에 대한 물음을 가지다보면 어느 순간 굉장한 관점의 변화가 일어납니다. 이 보는 관점의 변화가 종교와 철학은 물론이고 과학에 이르기까지 아주 중요한 주제입니다. 과학에서는 가설(假設)이 사실 규명에 있어서 연구를 촉발하는 요인입니다. 이것은 인간의 어떤 직감에 해당하는데, 막연한 상상이 훗날 과학발명으로 결실을 보는 경우가 많습니다.

예를 들면 지구가 자전한다는 사실에서 우리 몸 안의 혈액이 순환한다는 사실을 생각해 냈습니다. 대화를 나누는 방식이 자유롭게 대화를 할 수 있는 능력만큼이나 중요합니다. 그는 음미되지 않는 인생은 살 가치가 없다고 말했습니다. 사람들은 이미 아는 것에 대해서만 묻고 답할 뿐입니다. 그는 끊임없이 질문했습니다. 질문을 받은 그는 생각할 것이고, 그 생각이 그의 사유의 능력을 높여 나갈 수 있기 때문입니다.

철학용어 '아포리아(aporia)'는 그리스어로 '통로가 없는', '길이 막힌'이라는 뜻으로 사물에 관하여 해결의 방도를 찾을 수 없는 난관을 의미합니다. 해결이 곤란한 문제를 가리킵니다. 소크라테스는 대화의 상대를 아포리아에 빠뜨려 무지(無知)를 자각시켰으며, 아리스토텔레스는 "아포리아에 의한 놀라움에서 철학이 시작된다"고 했습니다. 플라톤의 경우에는 대화에서 로고스의 전개로부터 필연적으로 생기는 난관을 아포리아라고 했습니다.

꺾어진 고목이 찬 숲을 의지하고
(최잔고목의한림摧殘枯木依寒林)

몇 번이나 봄을 만나도 그 마음 변치 않네.
(기도봉춘불변심幾度逢春不變心)

나무꾼 지나쳐도 돌아보고 그냥 가니
(초객과자유불고樵客過之猶不顧)

영인이 와서 그 고난을 살펴 노래하네.
(영인나득고추심詠人那得苦追審)

'최잔고목(摧殘枯木)'은 땔감으로도 쓰지 못하는 썩은 나무입니다. 그 고목은 나무꾼도 돌아보지 않습니다. 쓸모가 없으니까 나무라고도 할 수 없습니다. 불이 붙지도 않습니다. 그 나무는 수없는 봄을 지나도 싹이 돋질 않고 고요합니다. 이 게송은 경북 문경군 산양면에 있는 김용사의 주련입니다. 불교는 세상의 이치가 밖으로부터 찾아지는 것이 아니라 안으로 고요히 비춰 보면 모든 것이 드러난다는 입장입니다. 참선이건, 기도건, 간경이건 마음을 잘 돌이키는 데 불법의 묘가 있습니다. 이것을 "회광반조(廻光返照)"라고 합니다.

이 빛은 절대적으로 내재되어 있습니다. 조금이라도 밖에서 구하거나 찾는 것은 회광반조가 아닙니다. 무엇이 되고 싶고, 무엇을 갖고 싶은 등등의 모든 구하는 마음이 저 넘어져 썩은 나무처럼 되어야 비로소 회광반조가 됩니다. 옛 선사들은 공부인은 이런 자세가 아니면 공부의 소득이 없다고 했습니다.

포모시자(布毛侍者) 초현통(招賢通) 선사는 당나라 때 사람입니다. 젊었을 때 육관대사(六官大使) 벼슬을 하다가 홀연히 지상의 허망함을 깨달아 벼슬을 버리고 집을 나갔습니다. 그 당시 나무 위에 새집처럼 집을 짓고 좌선하는 선사가 있었으니 유명한 조과도림(鳥窠道林, 741~824) 선사입니다.

초현통이 선사를 찾아가 도를 물으려 하는데 스님은 한마디도 일러주지 않았습니다. 그래도 포기하지 않고 시봉(侍奉)을 했고, 법문을 기다리며 살다보니 16년의 세월이 흐르고 말았습니다. 노력없이 좋은 결실만 바라는 사람은 초조하고 시간이 지루해서 견디지 못합니다. 그런데 하루하루를 정성을 다해 열정적으로 사는 사람은 세월이 흐르는 줄도 모릅니다. 이 스님이 16년을 시봉했다는 것은 그만큼 간절한 마음으로 가르침을 구했기 때문에 그 오랜 시간을 견뎌낼 수 있었던 것입니다.

문득 세월이 이만큼 흐르도록 한마디 법도 얻어듣지 못했다는 생각이 미치자 더 이상 참을 수가 없었습니다. 그는 떠나기로 마음먹었습니다. 그런데 선사께서 귀신같이 알아차리고는 물었습니다.

"어디로 가려고 하느냐?"

"다른 곳으로 불법을 배우러 가렵니다."

이때 스님은 "불법 같으면 나에게 조금은 있다" 하며 포모(布毛)를 들고 확 펼쳤습니다. 그것을 보고 초현통은 확연히 깨쳤습니다. 오랫동안 시봉하다가 나중에 출세해서 큰 도인이 되었으니 그를 세상에서는 포모시자(布毛侍者)라 불렀습니다.

조과 선사는 당(唐)대의 대시인인 백거이(白居易, 772~846. 자는 낙천(樂天), 호는 향산거사(香山居士))와의 문답으로도 유명합니다. 당시 항주태수(杭州太守)로 있던 백낙천이 선사를 찾아 갔습니다. 그때 선사는 나무 위에 앉아서 졸고 있었습니다.

"스님, 위험하게 나무 위에 계십니까? 내려오시지요."

조과 선사가 말했습니다.

"땅 위에 있는 너보다 나무 위에 있는 내가 더 안전하다."

"그게 무슨 말씀이십니까?"

"그대는 땅 위에 서 있어서 안전하다고 생각하지만, 욕망에 이끌리는 삶을 살다가 황제의 마음 한번 바뀜에 목숨이 위태롭지 아니한가?"

뜻밖의 말에 놀란 백거이는 다시 물었습니다.

"어떤 것이 불법의 대의(大意)입니까?"

"어떠한 악도 짓지 말고, 뭇 선을 받들어 행하라.(제악막작 중선봉행諸惡莫作 衆善奉行)"

백거이가 싱겁다는 듯 말했습니다.

"그것은 세 살 먹은 어린아이도 아는 것 아닙니까?"

조과 선사가 말했습니다.

"비록 세 살 먹은 어린아이도 아는 말이지만 여든 살 먹은 노인도 실천하기 어렵다네."

인간의 작은 공부도 그렇지만, 마음을 깨치는 이런 큰 공부는 존재에 대한 사무치는 의정(疑情)이 있어야 합니다. '도대체 이것이 뭘까?' 하는 의심이 똘똘 뭉쳐야 합니다. 흔히 뜻을 알 수 없는 대화를 선문답(禪問答)이라 합니다. 선사들은 조금의 틈도 주지 않고 꽉 막힌 데로 사람을 몰아갑니다.

상수불학원은 부처님을 본받아 배움에 대한 보살의 원입니다.
부처님의 진리를 향한 과거 인욕 고행은 상상을 초월합니다. 다른 종교와 달리 불교는 과거와 현재와 미래의 삼세를 많은 부처님과 보살들이 중단없이 이어 온다고 말합니다. 시간의 끝이 없듯, 중생이 존재하는 한 불보살님의 중생구제의 원력 또한 다함이 없습니다.
부처님을 따라 배우려면 물러나지 않는 신심이 있어야 합니다.

부처님께서 처음 발심한 때로부터 정진하여 물러나지 않으시고, 수없이 몸과 목숨을 보시하고, 법을 소중히 여기시어 목숨도 아끼지 않았으니, 이와 같은 일들을 내가 모두 본받아 배웁니다.

교육학에서 "천재는 어려운 문제를 택한다"고 하는데, 부처님께서 과거 인욕행을 닦으시던 때에 보여 주신 능히 하기 어려운 고행이 아니었으면 인간 내면에 대한 깊은 성찰이 이뤄지지 못했을 것입니다.

"부처님은 법을 소중히 여기셨기 때문에 목숨도 아끼지 않았는데, 하물며 제왕의 자리나 도시나 시골 궁전이나 동산 등 재산과 하기 어려운 갖가지 고행인들 어찌 문제될 수 있었겠는가. …… 그들의 소원에 따라 이웃들의 기틀을 성숙시키고, 마침내 열반에 드신 이와 같은 일들을, 내가 모두 본받아 배우느니라."

보현행원은 거룩하고 아름답습니다. 어떠한 것으로도 중생을 위한 삶을 대신할 가치를 능가하지 못합니다. 우리는 무엇을 생각했다 하더라도 더 좋은 게 있다 싶으면 마음이 변합니다. 우선 즐거움을 주는 단순한 쾌락에 지나지 않는데, 이것을 행복으로 착각합니다. 영원한 것과 영원하지 않은 것을 구분할 줄 알아야 합니다. 쾌락은 순간에 불과합니다. 무상합니다. 그러나 진리에 눈 뜬 사람은 시선을 더 멀리 두고서 참고 기다리는 호흡이 중생들과 다릅니다. 저는 《논어》〈자한(子罕)〉편에 나오는 다음의 대화를 참 좋아합니다.

> 공자는 구이 땅에서 살고 싶어 하셨다.
> 어떤 이가 물었다.
> "누추한 곳에서 어찌하시려고요."
> 공자가 말씀하셨다.
> "군자가 거하는데 어찌 누추함이 있겠느냐."

'구이'는 북쪽의 오랑캐 땅으로 거칠고 미개한 곳으로 성인을 제대로 모실 수 없었을 것입니다. 혹 그곳에 가서 곤란함을 겪지나 않을까 하는 마음에서 물었던 것인데, 공자의 말씀은 더없이 평온하고 담담합니다. 절집에서 "그 마음이 바로 도량이다" 하는 것과 같습니다. 세상을 향해 원망하고 탓하며 불만족스러워하는 사람이 문제입니다. 마음을 잘 쓴다는 것이 참으로 어려운 일입니다.

인도의 한 지방에 사냥꾼이 살고 있었습니다. 어느 날 그는 숲으로 들어가 사슴을 사냥하여 짊어지고 돌아오던 길에 사나운 멧돼지를 만났습니다. 사냥꾼은 사슴을 내려놓고 화살로 멧돼지를 쏘았고, 화살을 맞은 멧돼지가 사냥꾼에게 달려들어 함께 쓰러지고 말았습니다. 그런데 그들의 몸에 깔려 뱀 한 마리도 죽고 말았습니다. 잠시 후 자칼 한 마리가 그곳을 지나가다가 사슴, 멧돼지, 사람, 뱀 등이 한 곳에 쓰러져 있는 것을 보고 횡재를 했다며 좋아했습니다.

"생각지 못했던 불운이 오기도 하지만 행운도 그렇구나. 모든 것이 운명에 달려있나니!"

자칼이 고기를 살펴보니 몇 달은 편안히 지낼 것 같았습니다. 일은 너무 좋을 때 생기는 법입니다. 그는 마침 배가 고팠지만 여유를 부리며 가장 맛없는 활줄부터 먹기로 했습니다. 활줄이 얼마나 질기겠습니까? 힘껏 활줄을 물어뜯는 순간 활줄이 끊어지며 활대가 튕기는 바람에 가슴을 얻어맞은 자칼도 그 자리에서 죽고 말았습니다.

항상 더 좋은 가르침을 배우려는 자세야말로 맑은 물이 끝없이 보충되는 저수지와 같습니다. 부자 집 문전에서 서성거린 적이 없고, 비굴한 말을 해본 적이 없는 그런 사람의 삶이 축복된 삶입니다. 활대에 맞아 죽은 자칼처럼 세속적인 것은 아낀다고 아껴지지 않습니다. 오히려 화가 미치기 마련입니다.

"시련이 없이도 깊은 상처를 입는다"는 말이 있습니다.

여전히 우리는 살아가야 합니다. 꿈과 같은 모든 인생을 제거하고, 모든 슬픔과 고통, 기쁨과 즐거움을 제거한다면, 무엇이 남겠습니까? 세상의 이치는 결국 삶 속에 드러나는 구체적인 일과 그 일을 대하는 자세로밖에 말할 수 없습니다. 저 알 수 없는 깊은 심연에 감춰진 인생의 고통과 슬픔을 헤아릴 길이 없습니다. 때로는 망각하기 위해 자신을 몰아가지만 한 숨을 고르고 나면 그 심연이 꿈틀대기 시작합니다. 이럴 때 어울리는 말이 있습니다.

"한가하다는 근심이 가장 고통스럽다."

우리는 바쁘면 바쁜 대로 정신을 차리지 못하고, 한가하면 한가한 대로 견디지 못합니다. 중생은 하는 것마다 병통(病痛)입니다. 병이 무서운 것은 통증이 있기 때문입니다. 고통스러워하면서도 정신을 차리지 못하고 어리석은 행위를 반복합니다. 이 반복이 업(業)을 만듭니다.

밭가는 농부의 소를 몰고 오며
(수시유구경부지우須是有驅耕夫之牛)

배고픈 사람의 음식을 빼앗아 오는 수완이 아니면 안 된다.
(탈기인지식저수각奪飢人之食底手脚)

밭가는 농부에겐 소가 농사의 전부니까 소중하기 짝이 없습니다. 또 배고픈 사람이 밥 한 그릇을 얻었다고 할 때 차라리 죽었으면 죽었지 절대로 음식 그릇을 빼앗기지 않을 것입니다. 그런 사람에게서 목숨보다 소중한 것을 빼앗아 온다면 얼마나 솜씨가 좋겠습니까? 여기에 삶의 유쾌함이 있습니다. 우리가 부처님과 부처님의 가르침과 그 가르침을 전하는 스님들을 세 가지 큰 보물이라 합니다. 지금은 경전을 쉽게 해설하고 불교적인 삶을 안내할 좋은 책들이 수없이 쏟아져 나오고 있습니다. 배우지 않는 어리석은 사람은 구제할 방법이 없습니다. 그는 자칼처럼 스스로의 어리석음으로 고통 받고 때로는 죽을 길을 마다하지 않습니다. 배우는 것이 큰 즐거움입니다. 기쁜 마음으로 배우고 따르면 세세생생 즐거운 공덕이 됩니다. 경전에는 도를 깨닫는 일에는 출가자나 재가자나 상관없다는 말씀이 나옵니다. 내용은 다음과 같습니다.

부처님이 라자가하 죽림정사에 계실 때의 일이다. 그 무렵 앵무라는 바라문이 볼 일이 있어 어느 거사 집에 머물고 있었다. 바라문은 그 거사에게 '때때로 찾아뵙고 존경하며 가르침을 받을 만한 스승'이 있으면 소개해 달라했다. 거사는 서슴없이 부처님을 말했다. 앵무 바라문은 죽림정사로 부처님을 찾아가 여러 가지 궁금한 점을 여쭈었다.

"도를 닦으려면 집에서 하는 것이 좋습니까, 집을 떠나서 하는 것이 좋습니까?"

부처님이 말씀하셨다.

"나는 도를 닦는 사람이 집에 있느냐, 집을 나오느냐를 중요하게 여기지 않는다. 그보다는 삿된 행을 하면 나는 그를 칭찬하지 않는다. 삿된 행은 바른 지혜를 얻지 못하고 법답게 살도록 하지 못하기 때문이다. 그러나 집에 있거나 나오거나에 관계없이 바른 행을 하면 나는 그를 칭찬한다. 왜냐하면 바른 행을 하는 사람은 반드시 바른 지혜를 얻으며 법다움을 알기 때문이다."

바라문이 물었다.

"그렇다면 큰 공덕과 이익을 얻으려면 집에 있는 것이 좋습니까, 집을 나와서 하는 것이 좋습니까?"

부처님께서 말씀하셨다.

"그것은 일정하지 않다. 집에 있는 사람으로서 큰 재앙이 있고 다툼이 있으며 원망과 미움이 있어서 삿된 행을 하면 큰 결과를 얻지 못하고 공덕이 없다. 또 집을 나온 사람이라 해도 작은 재앙이 있고 다툼이 있으며 원망과 미움이 있어서 삿된 행을 하면 마찬가지이다.

그러나 집에 있는 사람으로서 큰 재앙이 있고 다툼이 있으며 원망과 미움이 있더라도 바른 행을 실천하면 큰 과보와 공덕이 있다. 또 집을 나와 도를 배우는 사람이 작은 재앙이 있고 다툼이 있으며 원망과 미움이 있더라도 바른 행을 실천하면 마찬가지이다. 이것은 진실하며 허망한 말이 아니다."

– 《중아함》〈앵무경(鸚鵡經)〉

요즘 우리절의 경전강좌로 《치문(緇門)》을 시작했습니다. 이 책은 북송(北宋) 택현온제 선사가 《치림보훈(緇林寶訓)》 1권을 찬술한 이래로 여러 차례 증보한 것을 고려 태고보우 국사가 원나라 유학시절 《환주지현 본》을 가지고 온 이래 출가자를 위한 지침서가 되었습니다.

출가자들의 삶이지만 재가자들에게도 유용한 것이 없지 않으리란 생각에 교재로 택했는데, 진지하게 수업이 이뤄져서 기쁜 마음으로 강좌를 진행하고 있습니다.

부처님은 출가와 재가의 구분보다는 각자의 환경에서 바른 삶의 자세와 그렇지 않는 삶의 비교를 통해 큰 공덕의 성취를 말씀하셨습니다.

황금이 일차적이라면, 황금으로 만들어지는 모든 물건과 그에 따른 가치는 이차적입니다. 삶도 마찬가지여서, 외형이 이차적이라면 그 사람이 추구하는 삶의 자세가 일차적이 됩니다. 최선의 상태에서는 모든 이차적인 것이 꽃가루처럼 떨어져 버립니다. 최근 스티븐 잡스가 세상을 떠났습니다. 특히 그가 젊어서부터 선불교에 심취하였고, 여기에서 얻은 직관이 사업에 큰 영향을 미쳤다고 합니다. "stay hungry stay foolish(항상 갈망하고 우직하게 살라)." 2005년, 스탠퍼드 대학교에서 그가 했던 유명한 말입니다.

어느 늦은 오후에 《방거사어록》을 뒤적이다가 발견한 "편의를 얻으면 편의에 떨어진다(득편의시락편의得便宜是落便宜)"는 말이 여기에 겹치면서 많은 생각에 잠기게 했습니다. 부단한 자기부정의 터널을 지나면 눈부신 대긍정의 세계가 펼쳐집니다. 이것이 선의 정신이며 진실되고 허망하지 않는 보배로운 길입니다.

10

항순중생원 恒順衆生願
항상 중생을 따라 순응하겠습니다

항순중생원 恒順衆生願
항상 중생을 따라 순응하겠습니다

―

선남자여,

또한 항상 중생의 뜻에 수순한다는 것은 진법계·허공계·시방세계의 중생들이

여러 가지 차별이 있어 알에서 나고 태에서 나고 습기로 나고 화하여 나기도 하나니

이것들이 지·수·화·풍을 의지하여 살기도 하고 허공을 의지하여 살기도 하며

풀과 나무를 의지하여 살기도 하는데

가지가지의 종류와 가지가지의 몸과 가지가지의 형상·모양·수명·종족·이름·심성·지견·욕망·행동·위의·의복·음식을 가

지고 여러 마을이나 성읍이나 궁전에 살기도 하며

　내지 하늘과 용과 팔부와 사람인 듯 아닌 듯한 것들이며

　발 없는 것, 두 발 가진 것, 네 발 가진 것과 여러 발 가진 것이며.

　빛깔 있는 것, 빛깔 없는 것, 생각 있는 것, 생각 없는 것, 생각 있는 것도 아니요 생각 없는 것도 아닌 이러한 여러 가지 중생들의 뜻에 다 수순하여 가지가지로 섬기며 공양하기를 부모와 같이 공경하며 스승이나 아라한이나 내지 부처님과 조금도 다름없이 받들되

　병든 이에게는 어진 의원이 되어주고 길 잃은 이에게는 바른 길을 보여주며 어두운 밤중에는 광명이 되고 가난한 이에게는 보배를 얻게 하나니 보살은 이와 같이 평등히 모든 중생을 이익 하게 하나니

　만약 보살이 중생의 뜻에 수순하여 나아가면 곧 모든 부처님께 수순하여 공양함이 되며

　만약 중생을 존중히 받들어 섬기면 곧 여래를 존중히 받들어 섬김이 되며

　만약 중생으로 하여금 환희심이 나게 하면 곧 모든 여래로 하여금 환희하시게 함이니라.

　무슨 까닭인가?

　모든 부처님께서는 대비심으로 근본을 삼으시므로 중생으로 인하여 대비심을 일으키고

　대비심으로 인하여 보리심을 발하고 보리심으로 인하여 등정각을 이

루시기 때문이니라.

비유하건대

넓은 벌판 모래밭 가운데 큰 나무가 하나 있어 만약 그 뿌리가 물을 만나면 잎이나 꽃이나 과실이 모두 무성해지는 것과 같아서 삶과 죽음의 넓은 벌판에 보리나무도 역시 그러하니 모든 중생으로 뿌리를 삼고 여러 불보살로 꽃과 과실을 삼으니 대비의 물로 중생을 이익되게 하면 즉시에 여러 불보살의 지혜의 꽃과 과실이 성숙 되느니라.

어찌하여 그런가하면 만약 보살들이 대비의 물로 중생을 이익되게 하면 곧 아뇩다라삼먁삼보리를 성취하기 때문이니라. 그러므로 보리는 중생에 속하는 것이니 만약 중생이 없으면 모든 보살이 마침내 무상정각을 이루지 못할 것이니라.

진리의 길에 바르게 나아가는 이여!

너희들은 이 뜻을 마땅히 이렇게 알지니 중생에게 마음이 평등하면 능히 원만한 대비를 성취하며 대비심으로 중생의 뜻에 수순하므로 곧 부처님께 공양함을 성취할 것이니라.

보살은 이와 같이 중생의 뜻에 따라 수순하나니 허공계가 다하고 중생계가 다하고 중생의 업이 다하고 중생의 번뇌가 다하여도 나의 수순은 다함이 없어 생각생각 상속하고

끊임없이 수순하여 받들건만 몸과 말과 뜻으로 짓는 일에 지치거나 싫어하지 않느니라.

復次 善男子야 言恒順衆生者는 謂盡法界虛空界十方刹海所有衆生의 種種差別이니 所謂卵生胎生濕生化生이 或有依於地水火風而生住者하며 或有依空及諸卉木而生住者하야 種種生類와 種種色身과 種種形狀과 種種相貌와 種種壽量과 種種族類와 種種名號와 種種心性과 種種知見과 種種欲樂과 種種意行과 種種威儀와 種種衣服과 種種飮食으로 處於種種村營聚落城邑宮殿하나라. 乃至一切天龍八部人非人等과 無足二足과 四足多足과 有色無色과 有想無想과 非有想非無想이나라. 如是等類를 我皆於彼에 隨順而轉하야 種種承事하며 種種供養호대 如敬父母하며 如奉師長과 及阿羅漢과 乃至如來하야 等無有異하며 於諸病苦에 爲作良醫하며 於失道者에 示其正路하며 於暗夜中에 爲作光明하며 於貧窮者에 令得伏藏이니 菩薩이 如是平等饒益一切衆生하나니 何以故오 菩薩이 若能隨順衆生하면 則爲隨順供養諸佛이며 若於衆生에 尊重承事하면 則爲尊重承事如來며 若令衆生으로 生歡喜者면 則令一切如來로 歡喜니라. 何以故오 諸佛如來가 以大悲心으로 而爲體故로 因於衆生하야 而起大悲하며 因於大悲하야 生菩提心하며 因菩提心하야 成等正覺하나니 譬如曠野沙磧之中에 有大樹王하니 若根得水면 枝葉華果가 悉皆繁茂인달하야 生死曠野菩提樹王도 亦復如是하야 一切衆生으로 而爲樹根하고 諸佛菩薩로 而爲華果하야 以大悲水로 饒益衆生이면 則能成就諸佛菩薩智慧華果하나니 何以故오 若諸菩薩이 以大悲水로 饒益衆生이면 則能成就阿耨多羅三藐三菩提故라 是故로 菩提가 屬於衆生이니 若無衆生이면 一切菩薩이 終不能成無上正覺이니라. 善男子야 汝於此義에 應如是解니 以於

衆生에 心平等故로 則能成就圓滿大悲하며 以大悲心으로 隨衆生故로 則能成就供養如來니라. 菩薩이 如是隨順衆生하야 虛空界盡하며 衆生界盡하며 衆生業盡하며 衆生煩惱盡하야도 我此隨順은 無有窮盡이니 念念相續하야 無有間斷하야 身語意業이 無有疲厭이니라.

―

　이 장은 항순중생원(恒順衆生願)으로 항상 중생을 따라 순응하겠다는 서원입니다. '순(順)'은 '순리', 즉 이치에 따르는 것을 말합니다. "순천자(順天者)는 흥(興)하고 역천자(逆天者)는 망(亡)한다"는 옛 말이 있습니다. 순리를 따르면 좋지만 거스르면 살아남지 못합니다. 이것은 시련하고는 좀 다른 의미입니다.

　시련은 고난을 통해 사람됨이 향상되어지지만, 거스른다는 것은 이치를 무시하고 억지를 부리기 때문에 '어지러움'이 일어납니다. '난(亂)'은 비단실 다발을 걸쳐두고 그 위와 아래에서 손을 이용해 얼키설키 얽힌 실마리를 풀려고 하는 모습입니다. 글자의 뜻으로는 어지러움을 풀어 다스림을 말합니다. 하늘에 사정을 진술해서 오해를 풀려고 아뢰는 말을 '사(辭)'라고 합니다. 글자의 해설을 모은 책을 사전(辭典)이라고 하는 것을 떠올리시기 바랍니다.

　일을 분간함에 있어 어떻게 하면 이치에 맞는지 생각하는 힘을 길러야 합니다. 요즘 사람들은 생각하기를 싫어한다지만, 생각하기 싫어하면 일이 어지럽게 얽힐 수 있습니다. 실마리를 모르면 괴로움이 생기듯 불행의 씨앗이 싹틉니다. 대부분 탐욕이 앞서거나 너무 의욕이 넘쳐도 일을 그르치게 되고, 반대로 마음을 쉬면 살펴볼 수 있는 눈이 생겨납니다.

중생에게 순응한다는 것은 중생의 원하는 바를 잘 들어준다는 뜻입니다. 중생은 구하는 게 많아서 구하는 병을 안고 살아갑니다. 뭐든 가지려 들고, 뭐든 해보려고 합니다. 돈이 없거나 이미 소유하고 있어서 필요 없을 때는 아이쇼핑이라도 해야 마음이 채워집니다. 아이쇼핑도 하나의 탐욕이고 구매입니다. TV에 나오는 제품 광고를 하루 종일 본다 해도 갈증은 가시지 않고 오히려 솟아날 뿐입니다.

이 구하는 병에 중독된 중생을 올바로 이끌어들이기 위해서는 먼저 그들이 원하는 바를 따라서 수순할 줄 알아야 합니다. 결국은 방편을 펴는 것입니다. 손에 쥐어주지 않으면 중생들은 믿으려 들지 않습니다. 불보살님과 모든 선지식들이 신통을 보이는 것은 중생들을 달래기 위함입니다. 그래서 생각 생각 더 큰 힘을 발휘하여 스스로 이겨내도록 이끌어줍니다. 주사를 무서워하는 아기에게 주사를 맞히기 위해 엄마가 달랠 때 어떻게 합니까? 주사 얼른 맞고 나가면 엄마가 좋아하는 과자 사 준다며 주사의 공포를 잊게 하고, 또는 장난감을 사주겠다며 달래기도 합니다. 그러면 아기는 자기가 좋아하는 것을 갖는다는 즐거움을 생각하며 아픈 것을 잘도 참아냅니다. 저의 노모께서도 저에게 그렇게 하셨고, 아마 신도님들도 이런 경험들이 있을 것입니다.

태어나는 종류와 존재하는 모든 차별상이 〈항순중생원〉에 다 나오고 있습니다. 이렇게 경전으로 보면 부처님의 세계를 보는 지혜의 깊이가 얼마나 심오한 줄 알게 됩니다. 모든 생명들에게 그들의 근기에 맞춰 교화설법을 하고 공양하고 예배하는 마음이 있어야 합니다. 예수는 "나와 나의 하나님이 둘이 아니다" 하고, 공자는 "지극한 마음으로 배우고 익히면 인간성이 끝없이 향상 된다"고 했는데, 여기에 그분들의 탁월함이 있습니다. 마찬가지로 부처님은 일체 모든 것을 부처님으로 봅니다. '부처'는 '궁극을 깨달은 사람' 이라는 뜻입니다. 만물을 부처님처럼 볼 수 있는 분은 석가모니 부처님뿐입니다. 보살도 부처와 보살의 경계로 나누어봅니다.

19세기 성인이자 현자인 라마크리슈나는 모든 종교의 궁극적 통일성을 주장하면서 이러한 심리학적 지향을 강조합니다. 시대와 지역에 따라 다른 방편으로 사람들에게 맞는 가르침을 베풀라고 합니다. 예를 들면 어머니는 자식들의 소화능력에 맞게 음식을 준비합니다. 볶음이건 튀김이건 탕국이건 아이들의 취향이 같지 않기 때문에 어머니는 아이에 따라 다른 음식을 주겠지만 사랑에는 하나도 차이가 없습니다.

또 숲 속에 들어갔다가 나온 어떤 한 사람이 카멜레온의 색을 붉다고 합니다. 다른 사람은 초록색이라고 하고, 또 다른 사람은 노랗다고 합니다. 그들이 서로 자기 주장을 굽히지 않는다면 싸움이 일어납니다. 알고 보면 한 마리의 카멜레온이 색을 바꿨을 뿐입니다.

불보살님들이 중생을 위해 베푸는 방편을 우리는 헤아리기 어렵습니다. 다만 큰 자비와 사랑으로 헌신할 때만이 그 힘을 느낄 수 있습니다. 뉴욕의 한 꼬마가 허드슨 강에 빠진 강아지를 구하러 뛰어들었다가 자신도 죽을 뻔 한 일이 있었습니다. 왜 뛰어들었냐고 묻자 "내가 키우는 강아지"라고 대답했다고 합니다. 또 불길이 치솟는 건물 안으로 두 번이나 연거푸 들어가 어린 남동생과 여동생을 구해 나온 한 소녀가 있었는데, 무섭지 않았냐고 물으니까 이렇게 말했습니다.

"동생들을 사랑하거든요."

우리는 자신이 얼마나 큰 사랑의 힘과 능력을 가졌는지 모르고 살아갑니다. 어떤 일을 당해서 자신의 위험을 생각하지 않고 무의식중에 바로 행동으로 보이는 경우가 있습니다. 그 마음이 사랑과 자비입니다. 이 세상의 슬픔에 기쁜 마음으로 참여하는 자는 보살입니다.

수행과 기도와 공부도 마찬가지입니다. 우선은 힘들지만 기도 후에 얻게 될 더 큰 가피를 생각하면 아무리 힘들어도 참아낼 용기가 생깁니다. 중생은 불보살님들이 자신의 고통을 들어 주신다는 믿음을 갖고 의지하는 순간부터 행복을 느낍니다. 이렇게 방편으로써 이끌기 위해 중생들이 원하는 바를 가리지 않고 수순하는 것입니다.

내가 오십년 전의 왕수인이니,
문을 연 사람이 문을 닫은 사람이다.
진실로 사후(死後)에 다시 돌아오는 것이니,
내 비로소 선문(禪門)에서 말하는 죽지 않는 법신을 믿겠구나.

위의 시는 명나라 유학자 왕양명(王陽明, 1472~1528)이 지은 것입니다. 이름은 수인(守仁), 자는 백안(伯安), 양명은 호이며, 지행합일론(知行合

一論)과 심즉이설(心卽理說) 및 치양지설(致良知說)을 주장하였습니다. 그가 금산사를 처음 방문했을 때였습니다. 그는 금산사의 건물, 탑, 고목나무에 이르기까지 마치 예전부터 잘 알고 있었던 듯이 낯이 익었습니다. 사찰의 이곳 저곳을 구경하면서 걸음을 걷다가 홀린 듯 독립된 작은 건물의 방문 입구에 다다랐습니다. 방문 입구는 봉인되어 있었는데, 방문 앞에 섰을 때 왠지 자신이 살았던 느낌이 들어 호기심이 생겼습니다.

그는 호기심을 참을 수 없어 지객(知客) 스님에게 봉인된 방문을 좀 열어달라고 부탁했습니다. 그러나 지객 스님은 정중하게 거절하면서 이렇게 말했습니다.

"이 방은 조사(祖師) 한 분이 오십년 전에 좌탈입망(坐脫入亡)하여 열반에 드셨던 곳입니다. 방 안에는 조사님의 육신이 썩지 않고 그대로 모셔져 있습니다. 조사님께서는 절대 방문을 열지 말라고 유언을 하셨기 때문에 보여드릴 수가 없습니다."

"어떤 조사님입니까?"

왕양명은 더욱 호기심이 발동하여 물러서지 않고 방문을 열어줄 것을 부탁했습니다.

"제발, 저의 소원을 들어주십시오. 꼭 그 방을 보고 싶습니다."

왕양명은 물러서지 않고 간절히 사정했습니다. 지객 스님은 더 이상 거절하지 못하고 마지못해 왕양명에게 방문을 열어 주었습니다. 왕양명이 방 안에 들어서니 한 노스님이 가사장삼을 입고 법상 위에 좌선자세로 단정히 앉아 있었습니다. 노스님은 오십년이 흘렀는데도 유체가 썩지 않고 생전의 모습 그대로였습니다. 왕양명은 노스님의 얼굴을 보다가 더욱 소스라치게 놀랐습니다. 노스님의 얼굴이 자신의 얼굴과 닮았던 것입니다. 왕양명이 고개를 들어 벽에 쓰여 있던 글을 보았는데 그 글이 바로 위의 게송입니다.

 중생이 윤회하며 나고 죽기를 반복합니다. 이 태어나는 방식에는 여러 가지 차별이 있어 알에서 나고 태에서 나고 습기로 나고 화하여 나기도 하고 이것들이 지·수·화·풍을 의지하여 살기도 하고 허공을 의지하여 살기도 하며 풀과 나무를 의지하여 살기도 하는 등 가지가지 종류와 가지가지 몸으로 살아갑니다. 그래서 중생들의 뜻에 다 수순하여 가지가지로 섬기며 공양하기를 부모와 같이 공경하며 내지 부처님과 조금도 다름없이 받들되, 병든 이에게는 어진 의원이 되어주고 길 잃은 이에게는 바른 길을 보여주며 어두운 밤중에는 광명이 되고 가난한 이에게는 보배를 얻게 합니다. 보살은 이와 같이 평등한 마음으로 모든 중생을 이익되게 하는 원이 있습니다. 그렇게 해서 만약 중생으로 하여금 환희심이 나게 하면 곧 모든 여래로 하여금 환희하시게 합니다.
 경전의 글은 소리를 내어 천천히 독송해야 그 뜻이 더욱 와 닿습니다. 그렇게 하면 어느덧 독경 하나하나가 갑옷처럼 나를 감싸게 되고 보다 더 세상 모든 일들이 내 뜻처럼 편안해집니다. 자신의 생각을 넘어서야 합니다. 이런 지혜의 힘을 우리는 부처님의 말씀을 배움으로써 얻을 수 있습니다. 결국은 생각으로부터 자유로워지는 가르침입니다. 병이 있으면 약을 찾아야 하는 이치입니다.

숲 속에 사나운 쟈칼 한 마리가 살고 있었습니다. 쟈칼이 숲 가장자리로 나오더니 근처의 덤불 속으로 들어갔습니다. 잠시 후 다시 나와 큰 나무의 구멍 속으로 들어갔다가 나왔습니다. 이번에는 흙을 파헤치더니 몸을 밀어 넣다가 뜻대로 안 되자 몸을 세워 어슬렁거렸습니다. 갑자기 달리기도 했습니다. 이 끝에서 저 끝으로 단숨에 왕복으로 오가기도 하고, 껑충껑충 뛰어 오르기도 했습니다. 누워서 잠을 청해보기도 하고, 계곡의 찬 물 속에 들어가기도 했습니다.

자칼의 등에 옴이 올라 있었던 것입니다. 그러니 자칼은 한시도 가만히 있을 수가 없었습니다. 어딘가에 등을 부빌 때는 잠시 시원해지는 것 같았지만 돌아서면 기름을 끼얹듯 가려움이 다시 들고 일어납니다. 자칼은 잠시도 편하지 않았습니다. 앉아 있어도 고통스럽고, 누워 있어도 고통스러웠습니다. 달려도 시원찮고, 덤불 속에 들어가도 가려움은 따라 다녔습니다. 그 싫은 물속에 들어가면 자신이 얼어 죽을 것만 같은데도 가려움은 움츠러들지 않았습니다. 자칼은 그 하나하나를 원망하기 시작했습니다.

'뭐, 이렇게 해결이 안 되다니! 다 소용없군.'

물론 쉽게 해결될 문제가 아니었습니다. 가려움의 본질이 남아 있는 한 피할 방법은 어디에도 없었습니다.

이것은 불만족에 대한 하나의 비유입니다. 만족은 생각하는 힘에서 나옵니다. 생각하는 힘이 약한 사람은 행복을 이해하지 못하기 때문에 그가 누릴 행복은 이 세상 어디에도 없습니다. 마치 약왕(藥王)의 눈에는 천지에 약 아닌 것이 없지만, 모르면 약은 더 이상 약이 아닙니다. 삼복더위를 싫어하면서도 목욕탕의 한증막은 뜨거울수록 좋아하는 경우를 보면, 열 자체는 번뇌와 상관이 없습니다. 열을 경우에 따라 번뇌롭게 느끼는 자신이 문제의 시작입니다.

의사의 처방에 따라 규칙적으로 약을 복용하면 치료가 됩니다. 병이 깊다면 약을 많이 먹어야 할 테고, 병이 깊지 않다면 조금 먹어도 나을 수 있습니다. 역으로 약을 많이 먹어야 한다면 병이 깊은 것이고, 조금 먹어도 된다면 깊지 않다는 말입니다. 의사는 병의 깊이에 따라 약을 처방하여 건강을 되찾게 합니다.

부처님을 약왕에 비유합니다. 육신의 병도 병이지만 마음의 병을 치료하는 어진 의사와 같습니다. 우리는 누구나 마음의 병을 앓기 때문에 약은 누구에게나 필요합니다. 아픈데도 약을 먹지 않는 사람은 병을 더욱 깊게 하여 실체도 없던 병이 생명까지 앗아가고 맙니다.

병을 치료하는 진귀한 약초가 가득 자라는 밭이 우리 마음 안에 있습니다. 법왕의 보배구슬도 우리 안에 있어 우리는 부처님의 가르침에 의지하면 됩니다. 이 올바른 의지함이 우리의 명약임을 잊어서는 안 됩니다.

어느 날 밤 나방 한 마리가 등잔을 보았습니다. 유리병 안에서는 불길이 타오르고 있었습니다. 나방은 불을 보면 갑자기 에너지가 폭발합니다. 본능적으로 끌려 나방은 밤새 불을 만나기 위해 몸을 부딪쳐보지만 유리는 뚫어지지 않았습니다. 아침이 되어 나방은 친구들에게 돌아와서 그 불길이 얼마나 아름답게 보였는지 세상에서 가장 달콤한 말로 자신이 경험했던 간밤의 일을 말했습니다. 날개가 반쯤은 못쓰게 되어버린 지경이었습니다. 다른 나방들은 "뭐 하러 그런 짓을 하느냐"며 흥미를 보이지 않았습니다.

수행자가 깨달음을 얻기 위한 노력도 사람들은 그렇게 생각합니다. 세상에서도 충분히 편안한데 굳이 힘들게 살 필요가 있느냐고 합니다. 나방은 다음날도 등잔불을 찾아와서 갖은 고초 속에 유리를 통과하는 법을 알고는 뚫고 들어갔습니다. 나방은 순식간에 자기의 목표를 성취했습니다. 아름다운 불꽃에 반하여 불꽃처럼 되고 싶었던 소원이 이뤄진 것입니다.

산스크리트어의 "타트 트밤 아시(Tat tvam asi)!", 즉 '네가 바로 그것이다!' 라는 말의 의미와 같습니다. 불길과 나 사이에 유리가 있으면 뻔히 보고 알 것 같은데도 닿지 않습니다. 그러나 유리막을 헤치고 나면 더 이상 불길을 그리워할 이유가 없습니다. 그 속에 하나가 되기 때문입니다. 그래서 모든 중생이 부처님과 다르지 않다고 합니다. 하지만 중생이 겪는 괴로움은 탐욕과 탐욕을 채워줄 세상의 모든 것들이 하나가 되지 않기 때문입니다.

농토도 천년이 지나는 동안 팔백 번 주인이 바뀌나니
(천년전지팔백주千年田地八百主)

토지가 주인이요 사람이 객이로다.
(전시주인인시객田是主人人是客)

세력은 늘었다가 줄기도 하고, 오늘 좋았던 일이 내일은 화가 되기도 합니다. 어떻게 하면 세상을 주인처럼 살 수 있겠습니까? 진리에 눈뜬 사람이 세상의 주인입니다. 부처님의 가르침을 기쁜 마음으로 항상 따르는 이유는 그 길만이 무상하지 않기 때문입니다. 세상의 영원한 것과 영원하지 않는 것을 똑똑히 구분해야 합니다. 이 세상은 괴로운 곳이라서 결국은 슬픕니다. 이 세상의 슬픔에 기쁜 마음으로 참여하는 자는 보살임을 기억하시기 바랍니다.

티베트 불교에는 다음과 말이 있다고 합니다.

스승을 부처로 대하면 부처의 축복을 받게 될 것이고,
스승을 인간으로 대하면 인간의 축복을 받게 된다.

같은 축복이면 부처의 축복이 되어야 합니다. 이 축복 속에 중생을 기쁘게 따를 수 있는 힘이 일어날 것입니다.

11
보개회향원 普皆廻向願
널리 회향합니다

보개회향원 普皆廻向願
널리 회향합니다

―

　선남자여, 널리 모두 회향한다는 것은 처음 부처님께 예배하고 공경하는 것으로부터 중생을 따르는 것까지 모든 공덕을 온 법계·허공계·일체중생에게 남김없이 회향하여, 중생들로 하여금 항상 안락하고 모든 질병의 고통을 없게 하며, 악법을 행하려 할 때에는 이루어지지 않게 하고, 선업을 닦고자 하면 모두 속히 이루어지게 하며, 일체 악취의 문은 닫아버리고 인간과 천상에 열반의 바른 길을 열어 보이며, 만약 모든 중생이 악업을 쌓아 모은 것 때문에 받아야 할 일체 지극히 무서운 고통의 과보를 내가 모두 대신 받아서 저 중생들로 하여금 해탈을 얻게 하여 마침내 위없는 보리를 성취하게 하는 것이니라.

　보살이 이처럼 닦은 바를 회향하기를 허공계가 다하고, 중생계가 다하고, 중생의 업이 다하며, 중생의 번뇌가 다하여도, 나의 이 회향은 다함이 없어 생각마다 계속하여 끊임없이 몸과 말과 뜻으로 하는 일에 조금도 지치거나 싫증을 내지 않느니라.

　復次 善男子야 言 普皆廻向者는 從初禮拜로 乃至隨順의 所有功德을 皆悉廻向 盡法界虛空界 一切衆生호대 願令衆生으로 常得安樂하고 無諸病苦하며 欲行惡法이어든 皆悉不成하고 所修善業은 皆速成就하며 關閉一切諸惡趣門하고 開示人天涅槃正路하며 若諸衆生이 因其積集諸惡業故로 所感一切極重苦果를 我皆代受하여 令彼衆生으로 悉得解脫하여 究竟成就無上菩提케하나니 菩薩이 如是所修廻向을 虛空界盡하며 衆生界盡하며 衆生業盡하며 衆生煩惱盡하야도 我此廻向은 無有窮盡하야 念念相續하고 無有間斷하야 身語意業에 無有疲厭이니라.
　─

불교에서는 어떤 일의 마지막을 '회향(廻向)'이라고 합니다. 회향은 다시 돌아간다는 의미입니다. 불교가 체계를 잘 갖춘 종교임이 여기서도 드러납니다. 완성이라 하여 끝이 아니라 처음의 원력으로 다시 돌아가 역사를 이루는 깊은 뜻이 있습니다.

불법은 시작과 끝의 개념을 정해놓지 않습니다. 시작이 없으니 끝이 없고, 끝이 없으니 시작을 찾을 수 없습니다. 처음 마음을 낼 때가 시작이고, 성취했다고 생각한 순간 이 우주법계에 돌려보내야 합니다. 본인이 성취한 공덕을 움켜쥐지 않습니다.

내가 무슨 물건을 하나 가지고 있을 때, 그것을 사람들 앞에 내 놓으면 금새 값이 매겨집니다. '이만큼 하면 됐다'는 생각에 머물 수 없습니다. 뭔가 이루었다 싶으면 더 얻고 싶어지고, 갖고 싶은 게 생깁니다. 우리가 살아 있는 동안 이 구하는 마음은 끝이 없습니다. 삶 너머는 죽음입니다. 죽음 너머 멈췄다고 생각하는 순간에 또 한 세상이 열립니다.

이 세상은 어떤 힘에 의해 존재하는지 우선 살펴보겠습니다. 서양의 헤라클레이토스(기원전 535?~475?)는 "같은 강물에 두 번 발을 담글 수 없다"고 했습니다. 그는 만물은 유전(流轉)한다고 본 것인데, "세상은 무상하여 한 순간도 머물지 않는다"는 불교적인 관점과 다르지 않습니다. 부처님은 나아가 그 이유를 고정된 실체가 없기 때문이고 단지 그 이론적 배경으로 연기론을 설했던 것입니다. 이 서양의 고대 철학자는 그러면서 세상은 존재하기 위한 몸부림의 연속이기 때문에 '투쟁의 산물'이라는 논리를 폈습니다.

《주역》에서는 "생생불이(生生不已)"라고 합니다. 만물은 낳고 또 낳는 것입니다. 한번 양이 되고 한번 음이 되면서 만물의 변화가 이뤄지는데, 그 원리는 한번 '흡(翕)'과 한번 '벽(闢)'이 핵심입니다. 흡은 기운을 한 가운데로 빨아들여 모으는 것이고, 벽은 내뿜는 확산입니다. 펴고 오므라드는 작용을 반복함으로써 우주는 존재합니다. 운동의 생리이고, 운동하는 것은 반드시 주기를 갖기 때문에 일정한 시간이 되면 그 기운이 반복됩니다. 오고 감, 높고 낮음, 길고 짧음, 선과 악, 강과 약, 뜨거움과 차가

움, 취함과 버림……, 이처럼 상대적인 두 기운이 서로 상관관계를 이루면서 긴밀하게 작용합니다.

　회향은 돌려보내고, 내어놓고, 되돌아보는 정신입니다. 티베트에 "여행자는 자주 뒤를 돌아보라"는 격언이 있다고 합니다. 왜 뒤돌아보겠습니까? 자신이 이만큼 왔음을 확인하면 목표에 더 가까워졌음을 알기 때문에 지치거나 싫은 마음을 극복할 수 있기 때문입니다. 백일기도의 끝도 회향이고, 법당불사의 끝도 회향입니다. 무엇을 돌려보내느냐 하면 어떤 일에서 생긴 공덕을 일체중생에게 베풀고 나눠 갖고 돌려주는 것입니다.

　내가 잠시 누렸을 뿐이고, 난 이미 기도와 수행과 보살행에서 얻는 즐거움을 알았기 때문에 공덕을 베풀어도 나에게는 손실이 본래 없습니다. 물건 만드는 기술을 가진 사람이 그 기술을 가르쳐준다 해도 내 기술은 조금도 줄어들지 않습니다. 오히려 사람들에게 가르치면서 새로운 사실을 깨달아서 더 좋은 기술을 알아낼 수도 있습니다. 그런데 중생들은 베푸는 것을 무슨 큰 손해가 나는 것으로 생각하는 습성이 있습니다. 세상에 영원히 손에 쥘 수 있는 것은 없습니다.

　불교에서는 '행복'이라는 개념보다 '안락'의 의미에 더 가깝습니다. 행복은 무엇인가 소득이 있을 때의 심리입니다. '행복'에 해당하는 영어의 '해피니스(happiness)'나 프랑스어의 '보뇌르(bonheur)'는 시간적인 의미를 전제로 합니다. '좋은 때를 잘 포착해서 행복해진다'라는 의미가 있습니다. 'bon'과 'heur'는 '좋은 때'라는 의미입니다. 그리스도교에서는 이 행복의 궁극에 천국이 등장합니다. 불교에서는 비슷한 개념으로 극락이 있는데, 극락은 시간적인 개념보다는 세상의 모든 것을 초월한 상태에서 오는 안락이고 해탈입니다. 어떤 생명체든 자신에게 고통이나 위험을 안겨주는 것을 피하고 쾌감이나 안심을 주는 것에 다가가기 마련입니다.

라마크리슈나는 세상의 심리와 본질을 '황금'과 '여인'으로 비유했습니다. 탐욕과 쾌락에 생물은 본능적으로 반응하기 때문입니다. 불교에서는 그런 고통이 내면화되어 아집 때문에 마음이 비뚤어지거나 고뇌를 하게 된다고 생각합니다. 그래서 자아에 대한 집착을 버릴 수 있으면, 내면의 안락한 상태를 누리게 되는 이치입니다. 안락은 마음을 제어함으로써 얻을 수 있습니다.

불교는 이 세상의 모든 것에서 개인적인 감정까지 부정하는 훈련을 하라고 합니다. 그것은 부정적인 나쁜 시각이 아니라 우리가 세상을 알 수 없고, 알면 알수록 더 오묘하고 깊은 경지가 끝없이 펼쳐지기 때문에 지금 누리는 즐거움과 진실은 아주 하찮은 것임을 정확히 알고 안주하지 말라는 뜻입니다. 더 좋고, 더 나은 상태로의 끊임없는 초월의 노력에서 문득 삶의 즐거움을 깨닫게 됩니다. 이것이 축복이고 가피입니다. 지금 우리가 아는 즐거움과 가지고 있는 재물이라는 것이 우주적인 차원에서 보면 보잘 것 없습니다.

마약인 LSD가 처음 만들어지고 나서 카드놀이를 하는 세 사람에게 이것을 투여하고 반응을 지켜봤다고 합니다. 이 세 사람은 테이블 위에 놓인 카드만 묵묵히 내려 볼 뿐 전혀 움직이지 않았습니다. 마약은 마음을 깊이

가라앉히면서 감각이 깊게 열리기 때문에 평소와는 전혀 다른 차원을 맛보게 된다고 합니다. 큰 즐거움을 알면 작은 즐거움은 잊는 것입니다. 그런데 이 차원의 변화에 끝이 없습니다. 삶은 영원히 미궁이고, 알 수 없고, 신비로운 그 무엇입니다. 그래서 다음과 같이 시 한편을 소개합니다.

한 번의 주먹질로 황학루를 엎고
(일권권도황학루一拳拳倒黃鶴樓)

한 번의 발길질로 앵무주를 뒤집는다.
(일척척번앵무주一踢踢翻鸚鵡洲)

의기에는 의기를 더하고
(유의기시첨의기有意氣時添意氣)

풍류가 아닌 곳에 또한 풍류로다.
(불풍류처야풍류不風流處也風流)

위의 시는 중국 선종의 제46조 백운수단(白雲守端, 1024~1072) 선사의 게송입니다. 선문답이건 선사의 게송이건 결국은 마음의 깊은 감흥과 정취를 말한 것입니다. 그 의미를 잘 생각하면 문득 알아차려질 때가 있습니다. 앎은 오늘 다르고 내일 다릅니다. 이 가운데 공부의 즐거움이 자라납니다. 배우는 즐거움을 알면 공부를 멈출 수 없습니다. 스님은 중국 남악 백운산에 해회사(海會寺)와 해회선원(海會禪院)을 개창한 다담선의 개산조(開山祖)이기도 합니다.

선사는 송나라 인종(仁宗) 2년(1024년)에 형주, 지금의 호남(湖南)에서 출생해 47세로 입적했습니다. 선사는 차를 마시면서 "화경청적(和敬淸寂)"이란 화두공안과 "명선(茗禪)"이란 화두공안으로 참구(參究)하는 다담선(茶湛禪)을 개창했습니다. 스님은 동오(東吳) 사람으로 서여산(西余山)에 머물고 있을 때 사자춤놀이를 보고서 깨쳤습니다. 그래서 흰 옷감에 사자 가죽처럼 알록달록한 물감을 들여 입고 다녔다고 합니다. 혹 법당에 올라 납자를 맞이할 때면 이 옷을 펼쳐 보이고, 눈 내리는 아침이면 껴입고 성 안으로 들어가니 어린아이들이 떠들어대며 뒤따랐습니다. 돈을 얻으면 굶주리고 추위에 떠는 사람에게 모두 보시하는 것이 연례행사였습니다. 또 스님이 《법화경》을 염불하면 영험이 있으므로 호상(湖上) 지방 사람들은 앞을 다투어 스님을 맞이하고 받들었습니다.

첫머리의 게송을 풀어보겠습니다. '황학루'와 '앵무주'는 중국 당나라 시인인 최호(崔顥, 704~754)가 읊은 〈황학루〉에 나오는 내용입니다. 황학루는 삼국 오나라 황무 2년에 무창 사산(蛇山)에 의해 호북성(湖北省) 무한(武漢)시 서쪽 양자강 기슭에 처음 세워진 높은 누각으로 호남 악양의 악양루와 강서 남창의 등왕각과 함께 강남의 3대 명루, 천하절경이라고 일컬어집니다.

황학루는 장강을 바라보고 있어서 주변의 경관이 아름답고 운치가 있는데, 그 때문에 이백(李白), 백거이(白居易), 육유(陸游), 양신(楊愼), 장거정(張居正) 등의 많은 문인과 시인이 이곳을 시로 읊었는데, 기록에 남아 있는 것만 300수 이상이고, 그 중에서도 당대의 시인인 최호가 이곳에 올라 쓴 〈황학루〉라는 시가 가장 유명합니다. 《극은록(極恩錄)》에 따르면 황학루는 원래 신 씨라는 여인이 개설한 주점이었습니다. 한 노인이 돈도 없이 여러 달 술을 마셨고 후덕한 주모는 말없이 잘 대접했는데, 어느 날 노인은 귤껍질을 가지고 벽에 누런 학을 그려놓고 떠났습니다. 그 후로 술자리가 벌어질 때마다 벽에 그려진 학이 춤을 추어서 손님이 모여들었고, 자연히 돈을 많이 벌었습니다.

10년이 지난 어느 날 노인이 다시 나타나서 피리를 불며 자기가 그렸던 황학을 타고 하늘로 올라갔는데, 그 노인은 자안(子安)이라는 신선이었다고 합니다. 큰 돈을 번 여인은 신선을 기려 그 자리에 정자를 짓고 황학정이라 했다는 데서 유래합니다.

유곽인 황학루를 맨손으로 때려 부수고, 그 유곽이 있는 모래섬인 앵무주를 발로 쓸어버린다 했습니다. 거칠 것 없는 기개를 가져야만 이 공부를 할 수 있습니다. 중국인들은 "독한 기질이 없으면 대장부가 되기 어렵다"고 합니다. 그 다음 내용이 중요합니다.

> 의기에는 의기를 더하고
> 풍류가 아닌 곳에 또한 풍류로다.

이것은 백척간두에서 한 걸음 더 내 딛는 것과 같습니다. 우리가 살다 보면 한계라고 느끼는 정점이 있습니다. 그런데 그 한계점에 다다르면 또 넘어야할 산이 나타납니다. 이렇게 우리의 삶은 끝이 없습니다. 절을 시켜보면 108배를 하고 나서는 며칠을 끙끙댑니다. 그런데 1,080배를 시키면 처음 하는 사람일지라도 크게 후유증이 없습니다. 절하는 동안에 다 풀리기 때문입니다. 뭐든 슬쩍 발만 담그면 이것저것 불평도 많습니다. 그런데 온 몸을 통째로 던져 넣으면 오히려 심신이 편해집니다. 이것이 의기를 넘어선 의기입니다.

가을바람을 금풍(金風)이라고 합니다. 이 바람이 불면 대지의 모든 것을 쓸어버립니다. 인간세계도 이 바람은 혁명과 같아서 새로운 개벽천지를 일컫습니다. 그래서 가을은 색으로는 하얗습니다. 아무것도 없는 상태입니다. 단풍이 점점 떨어지고 나면 가지가 하얗게 드러납니다. 사람들은 단풍구경을 가지만 단풍 뒤의 구경은 할 줄 모릅니다. 단풍이 지고나면 볼거리가 없다고 생각하기 쉬운데, 단풍이 지고 난 후의 쓸쓸한 풍경은 전혀 색다른 감흥이 있습니다. 산에 살아보면 한때의 무성하던 것이 지고 난 뒤의 늦가을이 아주 풍미가 있습니다. 이것이 전부인줄 알았는데, 돌아보면 다시 한 세계가 있습니다.

즐거움도 슬픔도, 누구를 향한 분노와 섭섭함도 별것 아닙니다. "또 있습니다." 이 말을 잘 기억하시기 바랍니다. 지금 보는 세상과 일과 사람이 전부가 아닙니다. 구미에 처음 선불교를 전한 사람은 스즈키 다이세츠(鈴木大拙, 1870~1966) 선사입니다. 서양에서는 '선(禪)'을 일본말로 "ZEN"이라고 합니다. 바로 이 선사께서 참선을 처음 전하셨기 때문에 이 용어가 일반화되었습니다. 그 스님이 이 게송을 좋아해서 당신의 암자 이름을 "야풍류암(也風流庵)"이라고 정했습니다. 선사는 눈에 보이는 것 말고 또 다른 세계가 있음을 말한 것입니다.

……부처님께 예배하고 공경하는 것으로부터 중생을 따르는 것까지의 모든 공덕을 온 법계 · 허공계 · 일체중생에게 남김없이 회향하여……,

수행에서는 개인의 깨달음만 중요시하지는 않습니다. 깨달음은 개인의 체험의 세계이지만, 그 체험을 어떻게 대중 속에서 실천하고 이익되게 하는 것도 중요한 덕목입니다. 부처님도 정각을 이룬 후에 교화에 나섰고, 예수도 세상 속으로 들어갔습니다. 공자도 마호메트도 마찬가지입니다. 이분들의 뛰어난 점은 개인의 성취에 만족하지 않고 세상을 맑히는 고단한 길을 택했다는 것입니다.

한번은 자로가 석문(石門)에서 묵었는데, 새벽에 문지기가 와서 온 곳을 물었습니다. 자로는 공씨(孔氏)로부터 왔다고 했습니다. 그때 문지기가 이렇게 말했습니다.

"안 되는 줄 〔뻔히〕 알면서도 무엇이든 해보려고 하는 사람 말이지요?"

개인의 깨달음에 머물지 않고, 안 되고, 멀고, 답답한 길을 가기 위해 자기가 살던 곳으로 되돌아온 사람은 영웅입니다. 세상과 중생들의 슬픔 속으로 몸을 던진 이는 보살입니다. 혼자만의 안락에 취해 있는 이는 세상과 상관없기 때문에 가치도 없습니다.

중생들로 하여금 항상 안락하고 모든 질병의 고통은 없게 하며, 악법을 행하려 할 적에는 이루어지지 않게 하고, 선업을 닦고자 하면 모두 속히 이루어지게 하며, 일체 악취의 문은 닫아버리고 인간과 천상에 열반의 바른 길을 열어 보이며, 만약 모든 중생이 악업을 쌓아 모은 것 때문에 받아야 할 일체 지극히 무서운 고통의 과보를 내가 모두 대신 받아서 저 중생들로 하여금 해탈을 얻게 하여…….

우리가 사는 현실을 떠난 별 세계는 없습니다. 인간에겐 모름지기 꿈이 있어야 합니다. 미래의 인생 역정에는 두 가지가 기다리고 있습니다. 하나는 죽음이고 하나는 꿈입니다. 죽음은 확정된 것이지만 꿈은 확정된 게 아닙니다. 꿈이 없는 인생은 창백합니다. 생기가 없습니다. 시들지 않는 꽃은 꽃이 아닙니다. 인간이 죽음에 이르면 죽음에 대한 두려움과 함께 좀 더 살고 싶다는 강열한 희망을 갖게 되는데, 이는 아직 꿈이 남아 있고, 그 꿈이 삶을 유혹하기 때문입니다. 또 꿈이 깨졌다 해서 다시는 꿈을 꾸지 말아야 하는 것도 아닙니다. 꿈이 깨지면 또다시 꿈을 꾸어야 합니다. 이것이 인생의 의미이고 살아있는 자의 특권입니다. 순간순간 느끼는 삶의 감흥이 우리의 진실입니다.

1970년대 더스틴 호프만 주연의 〈작은 거인〉이라는 영화가 있습니다. 저는 보지 못했는데 내용은 이렇습니다.

백인 남자아이가 아메리카 원주민에게 유괴되었는데, 추장이 직접 키웠습니다.

이 추장이 "나는 죽는 꿈을 꾸었다. 나는 죽는다" 하고는 딱 한 사람, 바로 그 아이를 데리고 초원으로 가서 풀밭에 누웠습니다. 이렇게 죽음을 기다리는 풍습을 따랐던 것입니다.

"자, 나는 이제부터 죽는다."

하지만 좀처럼 죽지 못했습니다. 그렇게 얼마를 누워 있다가 머쓱해 하며 일어나서 말했습니다.

"꿈이 맞지 않는 것 같다."

그리고는 더 이상 아무 말도 하지 않고 뚜벅뚜벅 걸어서 오두막으로 돌아갔습니다.

경험해보지 않은 세상을 우리는 알지 못합니다. 우선의 득실이 장차 어떤 결과로 이어질지는 항상 미지의 것입니다. 종교의 정신은 아무리 하찮은 것도 같이 나누기 때문에 감동이 있고 성스러움이 있습니다. 이 일상의 것을 성스러운 것으로 변화시키는 힘이 종교의 힘입니다. 그런데 이 남아도는 힘을 베푸는 데 인색하기도 합니다. 이것은 종교적인 자세가 아닙니다. 종교는 사랑과 헌신의 표상입니다. 순간순간 지극한 마음으로 살아가는 정신입니다. 법계의 중생이 끝이 없기 때문에 보살의 교화도 다할 날이 없습니다. 잘못되면 고치고 알아가면서 살아가는 것입니다. 인생은, 세상은 또 있습니다. 더 있습니다. 우리가 종교적인 열정을 놓아서는 안 되는 이유입니다. 회향의 핵심은 자신의 체험을 나눠갖는 것입니다. 이에 대한 경전의 말씀이 있습니다.

부처님이 사밧티의 기원정사에 계실 때의 일이다. 어느 날 파세나디 왕이 부처님을 찾아왔는데 몰골이 말이 아니었다.
"왕이시여, 어디를 다녀오는데 먼지를 뒤집어쓰고 피로한 모습입니까?"
"부처님, 이 나라의 유명한 부자였던 마하나마가 며칠 전 목숨을 마쳤습니다. 그에게는 아들이 없어 재산을 모두 조사해 국고에 넣었습니다. 며칠 동안 그 일을 하느라고 먼지를 뒤집어썼더니 이렇게 되었습니다."
"그는 어느 정도로 큰 부자였습니까?"
"그는 창고에 막대한 금을 쌓아둔 부자였습니다. 그는 재산을 모으기 위해 평생 싸라기밥과 썩은 시래기죽을 먹었고, 거칠고 남루한 옷만을 입었습니다. 그리하여 많은 재산을 모아 부자가 되었습니다. 하지만 그는 돈을 모을 줄만 알았지 쓸 줄을 몰랐습니다. 가난한 사람이나 불쌍한 사람이 찾아오면 문을 닫고 식사를 했습니다. 부모와 처자권속에게까지 인색했으니 수행자를 위해 보시하는 일은 더욱 없었습니다. 말할 수 없는 구두쇠였습니다."

왕의 말을 듣고 난 부처님은 이렇게 말씀하셨다.

"왕이여, 그는 결코 훌륭한 부자가 아니오. 그는 자기의 재물을 널리 써서 큰 이익을 얻을 줄 모르는 바보요. 비유하면 어떤 사람이 넓은 들판에 물을 가득 가둬두었으나 쓰지 않으면 말라서 사라지는 것과 같소. 그는 재산이 있으면서도 복을 짓지 못하고 말았소. 그러나 왕이여, 재산을 모아 먼저 부모를 공양하고 처자권속을 돌보며 가난한 이웃과 친구들에게 나눠줄 줄 아는 사람은 현명한 부자라 할 것이오. 이는 비유하면 어떤 사람이 마을 부근에 연못을 만들고 나무를 심어 사람들이 찾아와 쉬게 해주는 것과 같소. 그는 사람들의 칭찬을 받을 것이며 그 공덕으로 천상에 태어날 것이오. 재물은 이렇게 쓰려고 아끼고 모으는 것이오."

– 《잡아함》〈간경(慳經)〉

재물을 모으는 능력과 그것을 쓰는 도량은 직선과 곡선처럼 함께하기 어려운 길입니다. 불교적인 시간관으로 보면 금생의 행위만으로 한 사람의 일생을 단정 짓기는 어렵습니다. 악한 사람이 선행을 하는 사람보다 잘되기도 하는 경우가 적지 않지만, 미묘한 업의 작용을 헤아리기 어려운 범부의 입장에서는 어떠한 경우에도 선행에 대한 믿음을 잃지 말아야 합니다.

선행의 시작과 끝은 '나눔'입니다. 남을 행복하게 해주고, 남의 기쁨으로 나의 즐거움을 삼는 것입니다. 개인의 깨달음을 중시하는 불교에서 소홀히 하기 쉬운 부분, 실제로 사람들로부터 자기 희생의 실천이 부족하다는 지적을 받아 왔고, 이것이 불교의 생활윤리에 대한 빈곤으로 오해를 불러일으키기도 합니다. 하지만 경전의 많은 부분에서 남을 이롭게 하는 공덕행을 설하고 있음을 볼 때, 우리가 나아가야 할 종교정신은 명확해집니다.

당대(唐代) 마조(709~788) 선사의 스승인 남악회양(677~744) 선사가 제자를 시험하기 위해 사람을 보내 상당(上堂)하기 전에 "어떻습니까?" 하고 물어보라 했습니다. 그때 마조 선사가 말했습니다.
"호란(胡亂)이 끝난 뒤 30년 동안 살림살이〔鹽藏〕에 부족함이 없다."

'호란'은 한데 뒤섞여 어수선하고 분간하기 어려움을 말합니다. 즉 마음에 번거로움을 쉰 데다 소금과 간장까지 넉넉하니 살아가는 데 지장이 없다는 뜻입니다. 불자들은 세상을 향해 마음의 보배창고를 활짝 열어 이웃과 함께 나누어야 합니다. 우린 넉넉한 살림살이가 있기 때문입니다.

12

총결분 總結分

총결분 總結分

　선남자야, 이것이 보살 마하살의 열 가지 대원을 구족하고 원만하게 함이니 만약 모든 보살이 이 대원에 수순하여 나아가면 능히 일체 중생을 성숙함이며, 아뇩다라삼먁삼보리에 수순함이며, 보현보살의 한량없는 모든 행원을 원만히 성취함이니 이 까닭에 선남자야, 너희들은 이 뜻을 마땅히 이와 같이 알지니라.

　만약 어떤 선남자 선여인이 시방 무량무변 불가설 불가설 불찰극미진수 일체 세계에 가득 찬 으뜸가는 묘한 칠보와 또한 모든 인간과 천상에서 가장 수승한 안락으로 저 모든 세계에 있는 중생들에게 보시하며 저 모든 세계에 계시는 불보살께 공양하기를, 저 불찰극미진수 겁을 지내도록 항상 계속하고 끊이지 아니하여 얻을 공덕과 다시 어떤 사람이 이

원왕(願王)을 잠깐 동안 듣고 얻을 공덕과 비교하면 앞에 말한 공덕은 백분의 일도 되지 못하며 천분의 일도 되지 못하며 내지 우바니사타분의 일에도 또한 미치지 못하느니라.

다시 어떤 사람이 깊은 신심으로 이 대원을 받아 가지고 읽고 외우거나 내지 한 사구게 만이라도 서사하면 속히 오무간업이 소멸하며 세간에 있는 모든 병과 모든 고뇌와 내지 불찰극미진수의 일체 악업이 모두 소멸하며 또한 일체 마군과 야차와 나찰과 혹 구반다와 혹 비사사나 부다 등 피를 빨고 살을 먹는 모든 악한 귀신들이 다 멀리 달아나거나 혹 발심하여 가까이 와서 친근하며 수호하리니, 이 까닭에 이 원왕을 외우는 사람은 이 세간을 지냄에 조금도 장애가 없어 마치 공중의 달이 구름 밖으로 나온 듯하니라.

그러므로 모든 불보살이 칭찬하시며 일체 인간이나 천상사람이 마땅히 예경하며 일체 중생이 마땅히 공양하리니 이 선남자는 훌륭한 사람 몸을 받아서 보현보살의 모든 공덕을 원만히 하고 마땅히 오래지 않아 보현보살과 같은 미묘한 몸을 성취하여 32대장부상이 구족할 것이며, 만약 인간이나 천상에 태어나면 난 곳마다 수승한 종족 가운데 나며 능히 일체 악취는 다 없이 하며 일체 악한 벗은 다 멀리하고 일체 외도는 다 조복 받고 일체 번뇌에서 해탈하는 것이 마치 사자 왕이 뭇 짐승들을 굴복시키는 것과 같아서 능히 일체 중생의 공양을 받게 되리라.

또 이 사람이 임종할 마지막 찰나에 육근(六根)은 모두 흩어지고 일체의 친족들은 모두 떠나고 코끼리나 말이나 모든 수레와 보배나 재물 등 이러한 모든 것들은 하나도 따라오는 것이 없건만, 오직 이 원왕만은 서로 떠나지 아니하며 어느 때나 항상 앞길을 인도하여 일찰나 동안에 극락세계에 왕생하고, 왕생하고는 즉시에 아미타불과 문수사리보살과 보현보살과 관자재보살과 미륵보살 등을 뵈옵고, 이 모든 보살들이 몸매가 단정하고 엄숙하며 구족한 공덕으로 장엄하고 계시거든 그때에 그 사람 스스로가 연꽃 속에 태어났음을 보게 되고, 부처님의 수기를 받고 나서는 무수 백천만억 나유타 겁을 지내도록 시방의 불가설 불가설 세계에 널리 다니며 지혜의 힘으로써 중생들의 마음을 따라 이익이 되게 하며, 머지않아 마땅히 보리도량에 앉아서 마군들을 항복받고 등정각을 성취하며 미묘한 법륜을 굴려서 능히 불찰 극미진수 세계의 중생으로 하여금 보리심을 발하게 하고, 그 근기와 성질에 따라서 널리 일체 중생을 이롭게 하리라.

선남자야, 저 모든 중생들이 이 대원왕을 듣거나 믿거나 하고 다시 받아 가지고 읽고 외우며 널리 남을 위하여 설한다면 이 사람의 지은 공덕은 부처님을 제하고는 아무도 알 사람이 없나니 그러므로 너희들은 이 원왕을 듣고 의심을 내지 말지니라.

마땅히 지성으로 받으며 받고는 능히 읽고 읽고는 능히 외우며 외우고는 능히 지니고 내지 베껴 써서 널리 남을 위하여 설한다면 이 모든 사람들은 일념 간에 모든 행원을 다 성취하며, 그 얻은 복의 무더기는 한량이 없고 가이 없어 능히 대번뇌 고해 중에 빠진 중생들을 제도하여 마침내 생사에서 벗어나 아미타불 극락세계에 왕생하게 하리라.

善男子야 是爲菩薩摩訶薩의 十種大願具足圓滿이니 若諸菩薩이 於此大願에 隨順趣入하면 則能成熟一切衆生이며 則能隨順阿耨多羅三藐三菩提하며 則能成滿普賢菩薩 諸行願海이니 是故로 善男子야 汝於此義에 應如是知니라.

若有善男子善女人하야 以滿十方無量無變 不可說不可說 佛刹極微塵數 一切世界 上妙七寶와 及諸人天最勝安樂하야 布施爾所一切世界所有衆生하며 供養爾所一切世界諸佛菩薩호되 經爾所佛刹極微塵數劫을 相續不斷하야 所得功德과 若復有人하야 聞此願王 一經於耳한 所有功德으로 比前功德컨댄 百分不及一이며 千分不及一이며 乃至 優婆尼沙陀分에도 亦不及一이니라.

或復有人하야 以深信心으로 於此大願을 受持讀誦하며 乃至 書寫一四句偈하면 速能除滅五無間業하고 所有世間身心等病과 種種苦惱와 乃至 佛刹極微塵數 一切惡業을 皆得消除하며 一切魔軍과 夜叉羅刹과 若鳩槃茶와 若毘舍闍와 若部多等 飮血噉肉하는 諸惡鬼神이 皆悉遠離하며 或時發心하야 親近守護하리니 是故로 若人이 誦此願者는 行於世間호되 無有障碍 如空中月이 出於雲翳인달하니 諸佛菩薩之所稱讚이며 一切人天이 皆應禮敬하며 一切衆生이 悉應供養하리니 此善男子는 善得人身하야 圓滿普賢所有功德하고 不久에 當如普賢菩薩하야 速得成就微妙色身하야 具三十二大丈夫相하며 若生人天하면 所在之處에 常居勝族하야 悉能破壞一切惡趣하며 悉能遠離一切惡友

하며 悉能制伏一切外道하며 悉能解脫一切煩惱호되 如師子王이 摧伏群獸인달하야 堪受一切衆生供養하리라.

又復是人은 臨命終時 最後刹那에 一切諸根은 悉皆散壞하며 一切親屬은 悉皆捨離하며 一切威勢는 悉皆退失하고 輔相大臣과 宮城內外와 象馬車乘과 珍寶伏藏 如是一切는 無復相隨호되 唯此願王은 不相捨離하야 於一切時에 引導其前하야 一刹那中에 卽得往生極樂世界하며 到已에 卽見阿彌陀佛과 文殊師利菩薩과 普賢菩薩과 觀自在菩薩과 彌勒菩薩等이어든 此諸菩薩이 色相이 端嚴하고 功德具足으로 所共圍遶어든 其人이 自見生蓮華中하야 蒙佛授記하고 得授記已하야는 經於無數百千萬億那由他劫토록 普於十方不可說不可說世界에 以智慧力으로 隨衆生心하야 而爲利益하며 不久에 當坐菩提道場하야 降伏魔軍하고 成等正覺하야 轉妙法輪하야 能令佛刹極微塵數世界衆生으로 發菩提心하며 隨其根性하야 敎化成熟하며 乃至 盡於未來劫海를 廣能利益一切衆生하리니 善男子야 彼諸衆生이 若聞若信此大願王커나 受持讀誦하며 廣爲人說하는 所有功德은 除佛世尊하고 餘無知者니 是故로 汝等은 聞此願王에 莫生疑念하고 應當諦受 受已能讀하고 讀已能誦하며 誦已能持하고 乃至 書寫하야 廣爲人說이니 是諸人等은 於一念中에 所有行願을 皆得成就하야 所獲福聚 無量無邊하야 能於煩惱大苦海中에 拔濟衆生하야 令其出離하야 皆得往生阿彌陀佛極樂世界하나니라.

一

이번 강의는 〈보현행원품〉의 총결분입니다.

총결(總結)은 총괄하여 마무리를 한다는 뜻입니다.

보현보살은 관음, 문수, 지장과 더불어 4대보살로 불립니다. 특히 보현보살은 행원(行願)을 상징하는 보살이며 언제나 문수보살과 함께 석가모니 부처님의 양대 협시보살로 모셔지고 있습니다. 문수보살은 지혜를, 보현보살은 구체적 실천을 의미합니다. 종교는 크게 자력과 타력으로 나뉩니다. 내면의 관조를 통하여 깨달음을 추구하는 종교는 자력신앙입니다. 반대로 타력신앙은 외부에 절대적 존재를 상정하고 철저하게 그 존재에 의지하는 것을 말합니다. 불교가 전자라면 여타의 유일신을 믿는 종교는 후자의 입장입니다. 그러나 각 종교가 어느 한 면으로만 치우치지 않고 자신의 종교 안에 다양한 믿음 체계를 설정하고 있다는 것을 주시할 필요가 있습니다.

불교의 경전에서 《법화경》이나 《아미타경》 같은 경전은 타력신앙의 성격을 갖습니다. 《법화경》은 현세의 이익과 행복을 이루기 위해서는 관세음보살의 위신력을 믿고 간절하게 한번 외우는 것으로도 구원을 받는다 하고, 《아미타경》은 사후에 서방정토에 태어나 즐거움을 누린다는 의타적 사상입니다.

반대로 기독교 신앙의 경우 철저한 구원을 지향하고 인간 내면에 대한 깨달음을 중요시하지는 않는다고 생각해왔습니다. 그런데 여기 성서학사의 중요한 전기가 있게 됩니다. 1945년 12월 어느 날, 무하마드 알리라는 이집트 농부가 카이로에서 남쪽으로 약 500km 떨어진 나일강 상류 나그

함마디 부근 산기슭에서 밭에 뿌릴 퇴비를 파다가 땅에 묻혀있던 토기 항아리를 발견했습니다. 그 속에서 파피루스뭉치가 나왔는데, 이것이 바로 《도마복음》입니다. 이는 4세기 초 로마 제국을 통일한 콘스탄티누스 황제가 제국을 통치할 하나의 종교적 이데올로기로서 기독교를 공인하고, 종교지도자들에게 '하나의 하나님, 하나의 종교, 하나의 신조, 하나의 성서'로 통일할 것을 요청했습니다. 그에 따라 325년 니케아 공의회가 열렸습니다. 이때 이집트 알렉산드리아의 젊은 추기경 아타나시우스가 아리우스파를 물리치는 공을 세우게 됩니다.

그는 당시 개별적으로 떠돌던 그리스도교 문헌들 27권을 선별하여 그리스도교 경전으로 정형화하는데 결정적인 역할을 한 인물입니다. 그는 또 367년에 자신의 신학적 판단기준에 따라 '이단적'이라고 여겨지는 책들을 모두 파기하라는 명령을 내리기도 했습니다. 이 나그함마디 문서는 이때 이집트에 있던 그리스도교 최초의 수도원 파코미우스의 수도승들이 이 수도원 도서관에서 몰래 빼내 항아리에 밀봉한 다음 훗날 찾기 쉽도록 산기슭의 바위 밑에 숨겼으리라고 추정하고 있습니다.

이 문서의 발견을 어떤 학자는 히로시마에 투하된 원자폭탄과 같은 사건으로 비유하기도 했고, 1947년에 발견된 사해 두루마리의 발견과 함께 성서 고고학상 최대의 성과로 여겨지고 있습니다. 이《도마복음》이 중요한 가치를 지니는 것은 여타의 공인된 복음서들에 자주 언급되는 기적, 예언의 성취, 재림, 종말, 부활, 최후의 심판, 대속 등에 대한 언급이 거의 없고, 그 대신 자신의 안에 빛으로 있는 하나님을 아는 것, 이것을 깨닫는 '깨달음'을 통해 내가 새 사람이 되고 죽음을 극복할 수 있다는 것을 강조하고 있다는 점입니다. 《도마복음》은 다른 복음서에서 믿음을 강조하는 것과 달리 일관되게 '깨달음'을 이야기합니다. 나와 나의 하나님이 다르지 않다는 것, 그리고 "귀 있는 자는 들으라"는 말처럼 진정한 구원은 나의 성찰과 관조를 통해 얻어지는 것임을 말하고 있습니다.

이처럼 지금 우리가 알고 있는 단편적인 이해와 달리 각 종교마다 당시의 필요성에 따라 교리가 재해석되고 인간사회의 파고를 헤쳐나가기 위해 교리를 적극적으로 차용하고 활용해왔다는 인간사회의 역사를 주의 깊게 보아야 합니다. 이것은 사막과 해양 내지는 평원, 유목과 농경 같은 문화적 차이에 따라 종교적 요구와 적응도 달라진다는 의미입니다.

불교는 본래 인간 내면을 향한 사유와 관조를 통해 깨달음을 추구하기 때문에 종교적인 믿음과 함께 지혜를 중요시 합니다. 이 둘은 수레의 두 바퀴이고 새의 양 날개와 같습니다. 알면 잘 믿게 되고, 잘 믿으니까 더 잘 알게 됩니다. 이렇게 점차적으로 차원이 달라집니다.

부처님의 좌·우 협시보살로 지혜·실천의 문수·보현 양대 보살을 구성하는 이유가 더욱 분명해졌습니다. 실천이 없는 앎은 공허하고, 지혜가 없는 행동은 아무리 오랜 세월을 닦을지라도 공덕이 없습니다. 그래서 불가분의 관계를 문수와 보현으로 표현합니다. 중국의 한산(寒山)과 습득(拾得)의 일화를 문수와 보현의 화현으로 보기도 했습니다. 그러나 문수와 보현은 각각 단독으로도 신앙과 숭배의 대상이 됩니다.

보현보살은 부처님의 이덕(理德)과 정덕(定德)과 행덕(行德)을 담당하기 때문에 민중들에게 사랑받는 보살입니다. 그리고 보현보살이 세웠던 열 가지 행원은 《화엄경》에서 분리하여 독자적으로도 유통되기도 했습니다. 우리나라에서는 이러한 보현십원이 널리 신앙의 대상이 되었는데, 고려 광종 때 균여(均如, 923~973) 대사는 〈보현십원가(普賢十願歌)〉를 지어 불교의 대중화에 힘썼습니다. 보현십원을 주제로 한 〈보현행원품〉은 동북아시아 불교사에 가장 널리 읽히는 경전 중의 하나입니다. 보현은 중생들의 수명을 연장시켜 주는 위신력을 갖고 있다고 해서 "연명(延命)보살"이라고도 불립니다. 보현은 이가 6개인 흰 코끼리, 즉 육아백상(六牙白象)을 타고 다니는 것으로 그려집니다.

보현행원의 열 가지 원을 알아보았습니다.

① 모든 부처님께 예경하겠다는 원(예경제불원禮敬諸佛願)

② 여래를 찬탄하겠다는 원(칭찬여래원稱讚如來願)

③ 널리 공양하겠다는 원(광수공양원廣修供養願)

④ 업장을 참회하겠다는 원(참회업장원懺悔業障願)

⑤ 다른 이의 공덕을 따라서 기뻐하겠다는 원(수희공덕원隨喜功德願)

⑥ 부처님께서 법문해 주시기를 청하는 원(청전법륜원請轉法輪願)

⑦ 부처님이 세상에 오래 머물기를 청하는 원(청불주세원請佛住世願)

⑧ 항상 부처님을 따라 배우겠다는 원(상수불학원常隨佛學願)

⑨ 중생을 항상 잘 따라 주겠다는 원(항순중생원恒順衆生願)

⑩ 모든 공덕을 중생에게 두루 회향하겠다는 원(보개회향원普皆廻向願)

《화엄경》에서는 다른 경전과 달리 '십(十)'이란 숫자가 많이 나옵니다. 이것은 숫자상으로 완전함을 뜻합니다. 그래서 '열 가지 원'입니다. '서분'과 '열 가지 원'이 차례로 나왔습니다. 이번은 총결분이고, 마지막이 중송분(重頌分)입니다. 게송의 형태로 거듭 보현행원을 설하였습니다.

신라 때의 시문학의 한 형태인 향가(鄕歌)의 귀중한 자료이자 당시의 민중을 위한 스님들의 활동을 잘 보여주는데, 그중에 하나가 균여 대사가 열 가지 보현행원에 각각 십구체(十句體)의 향가 한 수씩을 짓고, 11장은 그 결론으로 된 〈총결무진가(總結無盡歌)〉를 썼습니다. 열 가지의 모든 행원에 대한 내용은 어렵지 않아서 누구든지 읽어보면 바로 그 뜻을 알 수 있습니다. 이 총결분도 내용이 쉽고 자세히 설명해서 이해하는데 전혀 어려움이 없으리라 생각합니다.

균여 대사 이야기가 나왔으니 스님께서 지으신 향가인 《보현십원가》 중 예경분과 총결분에 해당하는 내용을 소개해 드리겠습니다.

〈예경제불가〉
마음의 붓으로
그린 부처님 앞에
절하옵는 이 내 몸아
법계의 끝까지 이르러라.
티끌마다 부처님의 절이요
절마다 모시옵는

법계에 가득 찬 부처님

구세 다하도록 절하고 싶어라

아 몸과 말과 뜻에 싫은 생각이

이에 부지런히 사무치리.

이 닮고 싶고, 의지하고 싶은 간절한 마음이 종교적인 마음의 첫 시작입니다. 자기 헌신과 귀의가 전제되는 것입니다. 그리고 항상 위로는 지혜를 구하고(상구보리上求菩提), 아래로는 중생을 교화하는(하화중생下化衆生) 노력이 동시에 이뤄져야 합니다.

〈총결무진가〉

중생의 세상이 다하면

내 소원도 다할 날 있으려가

중생을 일깨움이

끝없는 내 소원인가

이다지 큰 원 세우고 이렇게 나아가니

향하는 대로가 착한 길이로다.

보현보살 행원이

또한 부처님 일이어라.

아, 보현의 마음을 알게 되니

이로부터 딴 일은 버리고 싶네.

선남자야, 이것이 보살 마하살의 열 가지 대원을 구족하고 원만하게 함이니 만약 모든 보살이 이 대원에 수순하여 나아가면 능히 일체 중생을 성숙함이며, 아뇩다라삼먁삼보리에 수순함이며, 보현보살의 한량없는 모든 행원을 원만히 성취함이니 이 까닭에 선남자야, 너희들은 이 뜻을 마땅히 이와 같이 알지니라.

이것은 보현행원의 열 가지를 잘 행하면 얻게 되는 결과에 대한 설명입니다. 중생을 성숙하게 한다는 것, 위없는 보리지혜를 걸림없이 따라 얻으며, 궁극에는 누구나 보현보살과 같은 놀라운 행을 성취할 수 있다는 결과에 대한 확언을 하고 있습니다. 이것은 보살행을 배우는 이들로 하여금 보리도에 물러서지 말고 아무리 오랜 세월이 걸릴지라도 마침내는 이루고야 말겠다는 원력을 가지라는 세찬 격려와 응원입니다. 이처럼 우리가 불보살님의 지혜와 자비를 실천하면, 이분들은 우리를 향해 무한한 환희심을 내는 것입니다.

또 총결분에는 사후에 얻게 될 공덕을 설하고 있습니다. 바로 극락정토입니다.
중국·한국·일본의 불교사에 있어 경전마다 다른 이념의 차용이 이뤄졌습니다. 10세기 이후 중국불교는 《원각경(圓覺經)》과 《수능엄경(首楞嚴經)》 중심으로 흘러갔습니다. 주자학이나 양명학은 《원각경》과 《수능엄경》에 공공연한 적대감을 표명하면서도 그 영향을 섭취하여 새로이 창조한 사상체계입니다. 《원각경》은 마음의 본체를 밝히자는 경전으로, 원각은 일체의 근원이자 깨달음의 당체입니다. 거울처럼 맑은 마음의 본체가 이것임을 설하는 《원각경》은 특히 송대 이후 중국불교에서 중심 경전으로 자리를 차지하였습니다. 선종에서 일찍이 《유마경》, 《수능엄경》과 함께 주목받은 경전입니다.

《원각경》의 철학을 확립하고 이 경을 그런 위치에 놓은 분은 규봉종밀 선사입니다. 이분은 선(禪)과 교(敎)의 비중을 동시적인 것으로 파악하여 선교일치(禪敎一致)의 선사상을 주창하였습니다. 중국사상가들은 불교인 가운데 가장 위대한 사람, 가장 큰 사상사적 의미를 지닌 인물로 종밀을 듭니다. 송대의 주자학과 양명학에 끼친 영향이기도 하지만, 유·불·선을 불교의 바탕에서 통합한 종밀의 탁월함에 주목하는 까닭이기도 합니다.

《화엄경》이 불교사상의 근저에 흐르면서 오랜 역사를 지배하는 지위를 누렸던 곳은 한반도였습니다. 한국불교의 근본경전은 사실 《화엄경》의 영향이 절대적입니다. 일본은 이와 달리 법화일승의 나라입니다. 화엄적인 바탕의 중국이 절대적 진리인 하나에서 다양한 삶의 양태를 규명하는 일(一)에서 다(多)적인 관점이라면, 일본의 법화적인 방식은 다양한 모습에서 절대를 찾아가는, 즉 다(多)에서 일(一)로 나아가는 방식이었습니다. 일(一)은 전체, 다(多)는 부분입니다. 다시 말해 절대적 진리라는 결론을 전제로 하여 부분을 찾아가는 중국적 방식과 각각의 부분에서 통일성을 추구하는 일본적 차이입니다. 그래서 중국은 큰 범주에서 파악하려 들고 일본은 사소한 것까지도 놓치지 않고 분석하고 파고드는 성향이 있는 것입니다. 《법화경》의 낱낱의 것을 거두어들이는 철학이 일본의 세밀하고 깊게 파고드는 성향과 맞아 떨어진 측면을 이해하는데 있어 《법화경》의 공부는 많은 도움이 될 것입니다.

중국이 화엄을 바탕으로 한 불성에 대한 확고한 믿음과 사후의 정토의 사상이라면, 일본은 현세중심의 철저한 법화와 관음신앙입니다. 한국은 여러 가지가 혼합되어 있는데, 순수하게 신앙적인 측면에서는 현세구원의 관음신앙과 사후의 왕생정토를 꿈꾸는 아미타신앙이 병존했던 것입니다.

불교는 해탈을 통한 심신의 안락, 그리고 그것을 중생에게 이롭게 회향하는 자리이타를 추구하는 종교입니다. 안락은 모든 것은 실체가 없다는 것을 이해함으로써 번뇌 속에 끌려들어가지 않는 것입니다. 생각은 시간이 지나면 잠잠해집니다. 몸은 세월이 흐름에 따라 병들고 무너지게 되어 있습니다. 일체의 것은 일체의 법에 따라 생멸합니다. 사는 것은 사는 대로, 죽는 것은 죽는 대로 신비요 비밀입니다. 그러한 까닭에 지혜로운 자는 번민하지 않습니다. 내 스스로 마음을 닦아 나가면서도, 이생은 이생대로 차생은 차생대로 불보살님들이 중생을 건지기 위한 방편문을 활짝 열어놓았습니다.

행복하지 못할 이유가 없습니다. 이 중중무진한 행복의 인연에 눈을 뜨시기 바랍니다.

13

중송분 重頌分

중송분 重頌分

그때에 보현보살마하살이 이 뜻을 거듭 말씀하시고자 널리 시방을 관하시고 게송을 설하시었다.

가없는　시방세계　그가운데　과거현재　미래의　부처님들께
맑고맑은　몸과말과　뜻을기울여　빠짐없이　두루두루　예경하옵되
보현보살　행원의　위신력으로　널리일체　여래전에　몸을나투고
한몸다시　찰진수효　몸을나투어　찰진수불　빠짐없이　예경합니다
일미진중　미진수효　부처님계셔　곳곳마다　많은보살　모이시었고
무진법계　미진에도　또한그같이　부처님이　충만하심　깊이믿으며
몸몸마다　한량없는　음성으로써　다함없는　묘한말씀　모두내어서
오는세상　일체겁이　다할때까지　부처님의　깊은공덕　찬탄합니다

아름답기 으뜸가는 여러꽃타래 좋은풍류 좋은향수 좋은일산들
이와같은 가장좋은 장엄구로써 시방삼세 부처님께 공양하오며
으뜸가는 좋은의복 좋은향들과 가루향과 꽂는향과 등과촛불의
낱낱것을 수미산의 높이로모아 일체여래 빠짐없이 공양하오며
넓고크고 수승하온 이내슬기로 시방삼세 부처님을 깊이믿삽고
보현보살 행원력을 모두기울여 일체제불 빠짐없이 공양합니다
지난세상 지은바 모든악업은 무시이래 탐심진심 어리석음이
몸과말과 뜻으로 지었음이라 내가이제 남김없이 참회합니다
시방삼세 여러종류 모든중생과 성문연각 유학무학 여러이승과
일체의 부처님과 모든보살의 지니옵신 온갖공덕 기뻐합니다
시방세계 계시옵는 세간등불과 가장처음 보리도를 이루신님께
위없는 묘한법문 설하시기를 내가이제 지성다해 권청합니다
부처님이 반열반에 들려하시면 찰진겁을 이세상에 계시오면서
일체중생 이락하게 살펴주시길 있는지성 기울여서 권청합니다
예경하고 찬양하고 공양한복덕 오래계셔 법문하심 청하온공덕
기뻐하고 참회하온 온갖선근을 중생들과 보리도에 회향합니다
내가여러 부처님을 따라배우고 보현보살 원만행을 닦고익혀서
지난세상 시방세계 부처님들과 지금계신 부처님께 공양하오며
여러가지 즐거움이 원만하도록 오는세상 부처님께 공양하옵고
삼세의 부처님을 따라배워서 무상보리 속히얻기 원하옵니다
시방세계 일체의 모든세계의 넓고크고 청정한 묘장엄속에
모든여래 대중에게 위요되시며 큰보리수 아래에 계시옵거든

시방세계 온갖종류 모든중생이 근심걱정 다여의어 항상즐겁고
심히깊은 바른법문 공덕받아서 모든번뇌 남김없이 없애지이다
내가보리 얻으려고 수행할때에 나는국토 어디서나 숙명통얻고
날때마다 출가하여 계행을닦아 깨끗하고 온전하여 새지않으리
천과용과 야차들과 구반다들과 사람들과 사람아닌 이들에까지
그네들이 쓰고있는 여러말로써 가지가지 소리로　설법하오며
청정하온 바라밀을 힘써닦아서 어느때나 보리심을 잊지않으며
모든업장 모든허물 멸해버리고 일체의　묘한행을 성취하오며
연꽃잎에 물방울이 붙지않듯이 해와달이 허공에　머물잖듯이
어두운맘 미욱한업 마경계라도 세간살이 그속에서 해탈얻으리.
일체악도 온갖고통 모두없애고 중생에게 즐거움을 고루주기를
찰진겁이 다하도록 쉬지않으며 시방중생 위하는일 한이없으리
어느때나 중생들을 수순하면서 오는세상 일체겁이 다할때까지
보현보살 광대행을 항상닦아서 위없는　대보리를 원만하리라
나와같이 보현행을 닦는이들은 어느때나 같은곳에 함께모이어
몸과말과 뜻의업이 모두같아서 일체행원 다같이　닦아지오며
바른길로 나를돕는 선지식께서 우리에게 보현행을 이르시거든
어느때나 나와같이 함께모여서 어느때나 환희심을 내어지이다
원하오니 모든여래 모든불자에 둘리워서 계시옴을 항상뵈옵고
광대하온 공양을　항상올리되 미래겁이 다하여도 피염없으며
제불세존 미묘법문 모두지니고 일체의　보리행을 빛내오면서
구경으로 청정하온 보현의도를 미래겁이 다하도록 닦아지이다

시방법계 넓은세상 중생속에서 내가짓는 복과지혜 한정이없고
정과혜와 모든방편 해탈삼매로 한량없는 모든공덕 모두이루리
일미진중 미진수효 세계가있고 세계마다 한량없는 부처님계셔
곳곳마다 많은대중 모인가운데 보리행을 연설하심 항상뵈오며
한량없는 시방법계 모든세계와 털끝마다 과현미래 삼세의바다
한량없는 부처님과 많은국토에 두루두루 무량겁을 수행하오리
일체여래 말씀하심 청정함이여 한말씀속 여러가지 음성갖추고
모든중생 뜻에맞는 좋은음성이 음성마다 부처님의 변재이시라.
시방세계 과현미래 여래께서는 어느때나 다함없는 그말씀으로
깊은이치 묘한법문 설하시거든 나의깊은 지혜로써 요달하리라
나는오는 세상까지 깊이들어가 일체겁을 다하여   일념만들고
과거현재 미래의   일체겁중에 한생각   즈음으로 다들어가며
일념으로 과현미래 삼세가운데 계시옵는 인사자님 모두뵈옵고
부처님   경계중의 환과도같은 자재해탈 모든위력 수용하오며
한터럭   끝에있는 극미진중에 과현미래 장엄세계 나타내이고
시방법계 미진세계 모든털끝도 모두깊이 들어가서 엄정하오리
오는세상 시방법계 조세등께서 성도하고 설법하고 교화하시며
하옵실일 마치시고 열반들려면 내가두루 나아가서 섬기오리다
일념에서 두루하는 신통의힘과 일체문에 다통하는 대승의힘과
지와행을 널리닦은 공덕의힘과 위신으로 널리덮는 자비의힘과
청정장엄 두루하는 복덕의힘과 집착없고 의지없는 지혜의힘과
정과혜의 모든방편 위엄의힘과 넓고널리 쌓아모은 보리의힘과

일체것이 청정하온 선업력으로 일체의 번뇌의힘 멸해버리고
일체의 마군의힘 항복받아서 일체의 모든행력 원만히하여
한량없는 모든세계 엄정히하며 한량없는 모든중생 해탈케하며
한량없는 모든법을 잘분별하여 한량없는 지혜바다 요달하오며
한량없는 모든행을 청정히하며 한량없는 모든원을 원만히하며
일체여래 친근하고 공양하면서 무량겁을 부지런히 수행하옵고
과거현재 미래세 일체여래의 위없는 보리도인 모든행원을
남김없이 공양하고 원만히닦아 보현보살 큰행으로 보리이루리
일체여래 부처님의 맏아드님은 그이름 거룩하신 보현보살님

爾時에 普賢菩薩摩訶薩이 欲重宣此義하야 普觀十方하고 而說偈言하시되, 所有十方世界中의 三世一切人師子를 我以淸淨身語意하야 一切遍禮盡無餘하며 普賢行願威神力으로 普現一切如來前하며 一身復現刹塵身하야 一一遍禮刹塵佛하며 於一塵中塵數佛이 各處菩薩衆會中커든 無盡法界塵亦然을 深信諸佛皆充滿하며 各以一切音聲海로 普出無盡妙言辭하야 盡於未來一切劫을 讚佛甚深功德海하며 以諸最勝妙華鬘과 伎樂塗香及傘蓋하야 如是最勝莊嚴具로 我以供養諸如來하며 最勝衣服最勝香과 末香燒香與燈燭이 一一皆如妙高聚하야 我悉供養諸如來하며 我以廣大勝解心하야 深信一切三世佛하며 悉以普賢行願力하야 普遍供養諸如來하며 我昔所造諸惡業이 皆由無始貪喪癡라 從身語意之所生을 一切我今皆懺悔하며 十方一切諸衆生과 二乘有學及無學과 一切如來與菩薩의 所有功德皆隨喜하며 十方所有世間

燈과 最初成就菩提者에 我今一切皆勸請하야 轉於無上妙法輪하며 諸佛若欲示涅槃커든 我悉至誠而勸請호되 惟願久住刹塵劫하야 利樂一切諸衆生하소서. 所有禮讚供養佛과 請佛住世轉法輪과 隨喜懺悔諸善根을 廻向衆生及佛道하며 我隨一切如來學하야 修習普賢圓滿行하며 供養過去諸如來와 及與現在十方佛과 未來一切天人師하야 一切意樂皆圓滿하며 我願普隨三世學하야 速得成就大菩提하며 所有十方一切刹 廣大淸淨妙莊嚴에 衆會圍遶諸如來하야 悉在菩提樹王下커든 十方所有諸衆生이 願離憂患常安樂하고 獲得甚深正法利하야 滅除煩惱盡無餘하며 我爲菩提修行時에 一切趣中成宿命하고 常得出家修淨戒하야 無垢無破無穿漏하며 天龍夜叉鳩槃荼와 乃至人與非人等과 所有一切衆生語로 悉以諸音而說法하며 勤修淸淨波羅蜜하야 恒不忘失菩提心하고 滅除障垢無有餘하야 一切妙行皆成就하며 於諸惑業及魔境과 世間道中得解脫을 猶如蓮華不着水하고 亦如日月不住空하며 悉除一切惡道苦하고 等與一切群生樂을 如是經於刹塵劫하야 十方利益恒無盡하며 我常隨順諸衆生호되 盡於未來一切劫하며 恒修普賢廣大行하야 圓滿無上大菩提하며 所有與我同行者는 於一切處同集會하야 身口意業皆同等하야 一切行願同修學하며 所有益我善知識이 爲我顯示普賢行커든 常願與我同集會하야 於我常生歡喜心하며 願常面見諸如來 及諸佛子衆圍遶하고 於彼皆興廣大供을 盡未來劫無疲厭하며 願持諸佛微妙法하야 光顯一切菩提行하며 究竟淸淨普賢道를 盡未來劫常修習하며 我於一切諸有中에 所修福智恒無盡하며 定慧方便及解脫로 獲諸無盡功德藏하며 一塵中有塵數刹하고 一一刹有難思佛한대

一一佛處衆會中에 我見恒演菩提行하며 普盡十方諸刹海와 一一毛端
三世海와 佛海及與國土海에 我遍修行經劫海하며 一切如來語淸淨이
라 一言具衆音聲海하고 隨諸衆生意樂音이 一一流佛辯才海한대 三世
一切諸如來 於彼無盡語言海로 恒轉理趣妙法輪커든 我深智力普能入
하며 我能深入於未來하야 盡一切劫爲一念하고 三世所有一切劫을 爲
一念際我皆入하며 我於一念見三世 所有一切人師子하고 亦常入佛境
界中 如幻解脫及威力하며 於一毛端極微中에 出現三世莊嚴刹커든
十方塵刹諸毛端에 我皆深入而嚴淨하며 所有未來照世燈이 成道轉法
悟群有하고 究竟佛事示涅槃커든 我皆往詣而親近하며 速疾周徧神通
力과 普門遍入大乘力과 智行普修功德力과 威神普覆大慈力과 遍淨
莊嚴勝福力과 無着無依智慧力과 定慧方便諸威力과 普能積集菩提力
과 淸淨一切善業力으로 摧滅一切煩惱力하고 降伏一切諸魔力하며 圓
滿普賢諸行力하야 普能嚴淨諸刹海하고 解脫一切衆生海하며 善能分
別諸法海하고 能甚深入智慧海하며 普能淸淨諸行海하고 圓滿一切諸
願海하며 親近供養諸佛海하야 修行無倦經劫海하며 三世一切諸如來
의 最勝菩提諸行願을 我皆供養圓滿修하야 以普賢行悟菩提하리 一切
如來有長子하니 彼名號曰普賢尊이라.

—

이번 내용은 중송분(重頌分)입니다. 중송(重頌)은 경전의 여러 형식 중의 하나입니다. 경전의 구분을 '앙가(anga)'라고 하는데, '부(部)' 또는 '분

(分)'으로 번역됩니다. 팔리어·산스크리트어로 '갈래' 또는 '부분'의 뜻입니다. 불교사 초기, 즉 아비달마 문헌들이 논장(論藏)으로 체계화되기 이전부터 불교의 경전들을 분류하는데 쓰여 온 범주들을 통칭하는 말이기도 합니다. 이 범주들은 경전의 형식과 내용을 근거로 설정된 것이며 원래는 경전들의 소재 유형을 분류하는데 쓰였으나, 나중에는 경전들 자체를 분류하는데 쓰이게 되었습니다. 상좌부(上座部)와 대중부(大衆部)에서는 구분교(九分敎)라는 9가지 범주로 이루어진 고형(古形) 분류법을 채택한 반면, 다른 학파들, 특히 대승불교 계통에서는 일반적으로 12가지 범주로 이루어진 분류법을 채택했습니다. 이것을 '십이분교(十二分敎)'라 합니다. 이 분류형식을 알면 경전을 읽거나 공부하는데 있어 많이 유용합니다.

1. 수다라(契經, 法本): 경전의 음역으로 체계가 완전히 갖추어진 것.
2. 기야(重頌): 산문의 경전 끝에 운문으로 노래한 게송.
3. 수기(授記): 문답식으로 전개해 가다 제자들에게 내생에 성불을 기약하는 것.
4. 가타(諷頌): 게송. 운율에 맞춘 시의 형식. 외우기 좋도록 한 것.
5. 우타나(無聞自說): 감흥어(感興語). 문답식의 일반적 형식이 아닌 부처님의 자의적 설법.
6. 니타나(因緣): 경전을 설하게 된 이유를 설한 부분.
7. 아파타나(譬喩): 설법의 이해를 돕기 위해 많이 쓰임.
8. 이티부타카(如是語): 경전 시작의 '여시아문(如是我聞)'. '이와 같이 정확히 들었다'는 신뢰를 위함.

9. 자타카(本生): 부처님이 전생에 보살행을 닦는 내용.
10. 비불락(方正, 方廣): 문답 형식으로 된 가르침으로 산스크리트 전통에서는 상당수의 중요한 대승불교 경전들이 이 범주에 포함됨.
11. 아부타달마(希有法, 未曾有法): 경 가운데 여러 가지 불가사의한 것.
12. 우바데사(論義): 문답 형식으로 교리를 논의한 것으로, 논장에 속하는 문헌, 철학적 논서, 탄트라 계통의 저작, 경문의 주석서들.

이 중송분은 백팔참회기도문의 많은 부분을 차지합니다. 신도들과 함께 특별한 기도 때 108배를 올리면서 경문을 외우는데, 아름답고 감동을 줍니다.

인간이 동물과 다른 점은 언어생활의 영위가 가장 큰 부분을 차지합니다. 또 언어를 통해 뜻을 전달하고 기록하여 왔습니다. 의사소통과 기록에는 구전언어와 문자언어로 구분할 수 있습니다. 구전은 외워서 전승하는 것이고, 문자는 시각적으로 드러난 기록입니다. 지금의 우리가 생각하기에 암송으로 전해지는 내용이 온전할까 미덥지 못합니다. 그러나 동서양의 구전문화와 역사를 알면 새롭게 느끼는 놀라운 부분이 있습니다. 서양의 경우를 보면, 기원전 8세기의 호메로스가 남긴 작품인 《일리아드》, 《오딧세이》에 담긴 백과사전적 지식과 신화가 모든 고대 그리스 시민들의 교육발달에 크게 기여하였습니다.

고대 그리스의 역사학자 투키디데스에 따르면 이 많은 분량의 서사시를 당시의 교양 있는 시민들은 전부 암기했다고 합니다. 서사시의 여러 가지 측면, 이를테면 힘찬 운율과 풍부한 멜로디적 특성, 반복적으로 등장하는 생생한 이미지, 사랑·전쟁·미덕·인간의 나약성 등 시대를 초월한 보편적인 주제들이 암기에 도움을 주었습니다. 당시의 고대 웅변가들은 암기에 있어서도 탁월한 테크닉을 보유했는데, 시인인 시모니데스는 연회 중에 지진으로 파괴된 장소에 있었던 사람들의 이름과 위치를 그대로 기억했다고도 합니다.

소크라테스가 대화를 거듭하며 학생들이 이해한 내용에 대해 묻고 또 묻기를 반복했던 것처럼 교육받은 그리스인들은 수사학적 기술과 웅변술을 연마했고, 지식이나 권력과 더불어 말의 위력을 휘두를 줄 아는 능력을 무엇보다 높이 평가했습니다. 그 결과 중 하나가 바로 그리스인들의 놀라운 기억 역량입니다. 소크라테스는 구어문화의 열렬한 옹호자이자 문자문화에 반대했던 인물입니다. 검토된 말과 분석된 생각만이 진정한 덕에 이르는 길이며 덕을 통해서만 사회정의가 실현되고 개인이 신에 도달할 수 있다고 보았습니다. 또 그는 구술언어를 통해 전달되는 단어와 개념에 의문을 제기하며 그 아래 숨겨진 믿음과 전제를 꿰뚫어 볼 수 있어야 한다고 주장하였습니다. 말은 순간순간 떠오르는 감정을 실을 수 있는 기민함이 있지만 문자로 담아두면 생동감이 떨어진다는 생각 때문이었는지, 아무튼 기억과 암송을 학습의 중요한 수단으로 여겼습니다.

기원전 5세기, 인도의 산스크리트 학자들도 문어의 가치를 부정하고 구어를 지적·영적 성장에 필요한 진정한 매개수단으로 받들었습니다. 이 학자들은 문자가 그들의 필생의 업적인 언어분석을 단락시킬 수 있다고 생각해 문자언어에 대한 의존을 불신하고 힐난했습니다.

인도 최고(最古)의 문헌인 《리그베다》는 기원전 2천 년 전부터 지어져 암송되었다고 학계에서는 보고 있습니다. 그리고 《마하바라타》, 《라마야나》 같은 인도의 고대 서사시들 또한 기억에 의해 구전되었던 것입니다. 부처님의 경전도 이와 같이 암송되었습니다. 기원전 320년경 메가스테네스가 이끄는 그리스 사절단이 인도를 찾아왔는데, 당시의 보고 들은 다방면의 것을 기록했습니다. 기록은 현존하지 않지만, 이를 인용한 다른 문헌에 의거해 그 내용을 파악하고 있습니다. 당시의 그리스인들이 특히 주목한 것은 문화적 특징인 인도인들이 무엇보다 지혜가 우월함을 인정한다는 점, 일상생활에서 소박함과 검소함과 예의와 자기절제를 강조한다는 점입니다.

그들은 이미 문자의 기록으로 분위기가 흘러갔기 때문에 모든 것이 기억으로 조절되는 암기 위주의 인도사회에서 '문자가 보이지 않는다' 는 점에 매우 놀랐다고 합니다. 이런 시각적인 문자의 명문화에 의하지 않고도 당시의 찬드라굽타가 광대한 제국을 조직적으로 관리하며, 국가적 관리 감독의 모든 체제와 더불어 기억과 관습에 의해 유지되는 인도의 사회질서에 대해 그는 매혹적인 기록을 남겼습니다.

뇌의 진화와 인간사회의 언어생활이 인류의 진보에 절대적 역할을 했다는 것, 그리고 그것은 지금의 문자 일변도의 언어환경과 달리 고대에는 오히려 암송과 구전이 더욱 교양있는 행위로 신뢰받았습니다.

인간의 가치는 나와 남이 하나로 연결되어 다르지 않다는 것을 인식하는 데서 드러납니다. 나의 오만과 폭력이 나와 연결된 수많은 생명들은 상처

받게 합니다. 나의 어리석음이 우주를 어둡게 합니다. 반대로 다른 생명을 위한 자비와 사랑이 생명본연의 자세입니다. 이 힘을 믿어야 합니다.

아메리카 원주민들은 만물을 자신처럼 소중히 대하라는 가르침이 있습니다. 예를 들어, 자신이 사용하는 카누의 노를 존중하는 마음없이 함부로 다루면 어느 날 급류를 지날 때 노가 부러지고 맙니다. 자작나무 껍질로 만든 바구니를 존중하지 않으면 봄에 단풍나무 시럽을 받다가 밑으로 다 새어나가 보름 동안의 노력이 허사로 돌아갑니다. 어느 것, 그 누구에게나 그런 힘이 담겨져 있다는 것입니다. 그 힘을 존중하지 않는 것은 우주만물을 존중하지 않는 것과 같습니다. 모든 것이 거미줄처럼 촘촘히 연결되어 있다는 것을 그들은 의심하지 않습니다.

불교의 궁극은 깨달음만이 아닙니다. 이 깨달음이 고귀할 수 있는 것은 그 진리의 쓰임과 회향의 정신 때문입니다. 깨달음과 중생을 향한 사랑의 마음은 한 차원입니다. 깨달음과 진리를 향한 발걸음이 끝이 없습니다. 깨달음은 중생의 아픈 삶으로 인해 촉발됩니다. "크게 의심해야 크게 깨친다"는 선가의 말은 무언가 자극받지 못하면 영혼의 마찰이 생기지 않는다는 뜻입니다. 부처와 보살의 삶은 바로 중생의 질곡만큼 깊어지고 영향 받습니다.

이 중송분은 아름답습니다. 한두 번 읽어서는 깊은 맛을 모릅니다. 저희 절에서 가끔 특별 참회기도를 할 때는 백팔참회문을 낭송하기 때문에 이품의 내용이 익숙하기도 하지만, 운율을 따라 소리 내어 읽으면 신심이 우러납니다. 정말 부처님처럼 살아야겠다는 생각을 하게 됩니다. 굳이 세세한 설명을 하지 않아도 열 가지 행원 속에 반복되는 내용도 있고, 무엇보다 어렵지 않은 내용이라서 잘 이해하시리라 여겨집니다.

여름장마가 훑고 간 화단이며 흙이 모이는 담 모퉁이를 따라 이런저런 풀들이 가느다랗게 파란 선을 긋고 있습니다. 꽃이 우리가 원하는 곳에서 자란다면, 잡초는 자기들이 원하는 곳에서 자라는 식물입니다. 그냥 제멋대로, 누가 좋아하건 말건 아랑곳 않습니다. 그러니 어떤 손도 필요 없고, 태생이 미운털이 박혔으니 살 만큼 살면 그뿐, 굽히고 살 생각은 조금도 없는 것 같습니다.

내가지금　온갖선근　회향하오니　지와행이　나도그와　같아지이다
몸과말과　뜻의업이　항상깨끗고　모든행과　국토도　　다시그러한
이러하온　지혜가　　보현이시니　바라건대　나도그와　같아지이다
일체에　　청정하온　보현의행과　문수사리　법왕자의　모든대원의
온갖사업　남김없이　원만히닦아　미래제가　다하도록　끊임없으며
한량없는　많은수행　모두닦아서　한량없는　많은공덕　모두이루고
한량없는　모든행에　머물러있어　한량없는　신통묘용　요달하오며
문수사리　법왕자의　용맹지혜도　보현보살　지혜행도　그러하시니
모든선근　내가이제　회향하여서　저를따라　일체를　　항상배우리
삼세여래　부처님이　칭찬하시는　이와같은　위없는　　모든대원에
내가이제　온갖선근　회향하옴은　수승하온　보현행을　얻고잡니다
원하오니　이목숨이　다하려할때　모든업장　모든장애　다없어져서
찰나중에　아미타불　친견하옵고　그자리서　극락세계　얻어지이다

나의몸이 저세계에 가서나고는 그자리서 이대원을 모두이루고
온갖것을 남김없이 원만히이뤄 일체중생 이롭도록 하여지오며
저부처님 회상은　　　청정하시니 내가그때 연꽃속에 태어나아서
무량광　　부처님을 친견하옵고 그자리서 보리지　　받아지오며
부처님의 수기를　　　받자옵고는 수없는　　백구지의 화신을내고
지혜의힘 광대하여 시방에퍼져 일체중생 이롭도록 하여지이다
허공계가 다하고　　중생다하고 업과번뇌 다하면　　모르거니와
이와같은 일체것이 다함없을새 나의원도 마침내　　다함없으리
가없는　　시방국토 장엄하온바 온갖보배 부처님께 공양하옵고
일체세계 인천대중 미진겁토록 가장좋은 안락으로 보시한대도
어떤사람 수승하온 보현원왕을 한번듣고 마음에서 믿음을내고
무상보리 구할생각 간절만하면 이사람의 얻는공덕 저를지내니
간데마다 나쁜벗을 멀리여의며 영원토록 모든악도 만나지않고
무량광　　부처님을 속히뵈어서 위없는　　보현원을 모두갖추리
이사람은 길이길이 수명얻으며 난데마다 항상좋은 사람몸받고
머지않아 마땅히　　보현보살의 크고넓은 보살행　　성취하리라
지난날에 어리석고 지혜없어서 무간지옥 빠질중죄 지었더라도
보현행원 대원왕을 읽고외우면 일념간에 저중죄가 소멸하리니
날적마다 좋은가문 좋은얼굴과 좋은상호 밝은지혜 원만하여서
모든마와 외도들이 범접못하니 삼계중생 온갖공양 능히받으며
오래잖아 보리수　　밑에나아가 파순이도 마군중도 항복받고서
무상정각 성취하고 법을설하여 모든중생 빠짐없이 이익주리라

누구든지 보현원을 읽고외우고 받아갖고 대중위해 연설한다면
그과보는 부처님만 능히아시니 어김없이 무상보리 얻게되리라
어떤사람 보현원을 능히외우는 그선근의 소분만을 말씀한다면
일념간에 일체공덕 원만하여서 중생들의 청정원을 성취하리라
내가지은 수승하온 보현의행의 가없는   수승한복 회향하오니
바라건대 고해중의 모든중생이 하루속히 극락세계 얻어지이다

그때에 보현보살마하살이 부처님 앞에서 이 넓고 큰 보현원왕의 청정게송을 설하시니 선재동자는 한량없이 뛸 듯 기뻐하였고, 일체 보살들은 모두 크게 환희하였으며 여래께서는 옳다 옳다 하시며 칭찬하시었다. 그때에 세존께서 거룩하옵신 여러 보살마하살과 더불어 이와 같은 불가사의 해탈 경계의 수승한 법문을 연설하실 적에 문수사리보살을 상수로 하는 대보살들과 그 보살들이 성숙하신바 육천의 비구들과 미륵보살을 상수로 하는 현겁의 일체 대보살들이시며, 무구보현보살을 상수로 하는 일생보처(一生補處)이시며, 관정위에 이르신 대보살들과 널리 시방 여러 세계에서 모이신 일체찰해 극미진수의 모든 보살마하살과 대지사리불 마하목건련 등을 상수로 하는 대성문들과 인간과 천상과 세간의 모든 임금과 하늘과 용과 야차와 건달바와 아수라와 가루라와 긴나라와 마후라가와 인비인 등 일체 대중들이 부처님의 말씀을 듣고 다들 크게 환희하고 믿고 받아 받들어 행하였다.

我今廻向諸善根하노니 願諸智行悉同彼어다 願身口意恒淸淨하고 諸行刹土亦復然이라. 如是智慧號普賢이니 願我與彼皆同等하며 我

爲徧淨普賢行과 文殊師利諸大願하야 滿彼事業盡無餘하고 未來際劫恒無倦하며 我所修行無有量하야 獲得無量諸功德하며 安住無量諸行中하야 了達一切神通力하며 文殊師利勇猛智와 普賢慧行亦復然이라. 我今廻向諸善根하노니 隨彼一切常修學이어다. 三世諸佛所稱歎인 如是最勝諸大願을 我今廻向諸善根은 爲得普賢殊勝行이라.

願我臨欲命終時에 盡除一切諸障碍하고 面見彼佛阿彌陀하야 卽得往生安樂刹하며

我旣往生彼國已에 現前成就此大願하고 一切圓滿盡無餘하야 利樂一切衆生界하며

彼佛衆會咸淸淨이어든 我時於勝蓮華生하야 親覩如來無量光하고 現前授我菩提記하며

蒙彼如來授記已하고 化身無數百俱胝하며 智力廣大徧十方하야 普利一切衆生界하여지이다.

乃至虛空世界盡하고 衆生及業煩惱盡하며 如是一切無盡時라 我願究竟恒無盡하리.

十方所有無邊刹의 莊嚴衆寶供如來하고 最勝安樂施天人하야 經一切刹微塵劫이라도

若人於此勝願王에 一經於耳能生信하고 求勝菩提心渴仰하면 獲勝功德過於彼라.

卽常遠離惡知識하고 永離一切諸惡道하며 速見如來無量光하야 具此普賢最勝願하니

此人善得勝壽命하며 此人善來人中生하며 此人不久當成就하야 如

彼普賢菩薩行하리.

　往昔由無智慧力하야 所造極惡五無間도 誦此普賢大願王하면 一念速疾皆消滅하며

　族姓種類及容色과 相好智慧咸圓滿하니 諸魔外道不能摧라 堪爲三界所應供하며

　速詣菩提大樹王하야 坐已降伏諸魔衆하고 成等正覺轉法輪하야 普利一切諸含識하리.

　若人於此普賢願에 讀誦受持及演說하면 果報唯佛能證知라 決定獲勝菩提道하리.

　若人誦此普賢願의 我說少分之善根컨댄 一念一切悉皆圓하야 成就衆生淸淨願이라.

　我此普賢殊勝行의 無邊勝福皆廻向하여 普願沈溺諸衆生이 速往無量光佛刹이어다.

　爾時에 普賢菩薩摩訶薩이 於如來前에 說此普賢廣大願王淸淨偈已하시니 善財童子는 踊躍無量하고 一切菩薩은 皆大歡喜하며 如來讚言하시되 善哉善哉라. 爾時에 世尊과 與諸聖者菩薩摩訶薩이 演說如是不可思議解脫境界勝法門時에 文殊師利菩薩로 而爲上首하는 諸大菩薩과 及所成熟인 六千比丘와 彌勒菩薩로 而爲上首하는 賢劫一切諸大菩薩과 無垢普賢菩薩로 而爲上首하는 一生補處며 住灌頂位인 諸大菩薩과 及餘十方種種世界에서 普來集會인 一切刹海極微盡數諸菩薩摩訶薩衆과 大智舍利弗과 摩訶目犍連等으로 而爲上首하는 諸

大聲聞과 幷諸人天一切世主와 天 龍 夜叉와 乾闥婆 阿修羅 迦樓羅 緊那羅 摩睺羅伽 人非人等 一切大衆이 聞佛所說하고 皆大歡喜하야 信受奉行하니라.

〈보현행원품〉의 대단원입니다.

서분과 열 가지 행원이 하나하나 설명되었고 총결분에 이어 마지막 중송분입니다. 중송은 거듭 게송으로 뜻을 밝힌 것을 말합니다. 모든 경전의 구성 방식은 서술적인 설법에 이어 외우기 쉬운 방식으로 게송의 형식을 빌어 뜻을 다시 정리하여 설해지고 있습니다.

내가지은 수승하온 보현의행의
가없는 수승한복 회향하오니
바라건대 고해중의 모든중생이
하루속히 극락세계 얻어지이다.

우리가 하는 모든 수행의 궁극은 깨달음이 아닙니다. 한국불교의 가장 큰 문제의 하나가 종교적인 방향의 불분명함에 있다고 생각합니다. 흔히 성불이 수행의 목표라고 합니다. 성불이 중생의 교화까지 포함한 뜻으로 말한다면 좋은데, 정말 막연하게 깨달음이 끝이라 한다면 문제가 있습니다. 간단히 부처님의 행적을 살펴보면 분명히 드러납니다. 부처님께서는 성불 후에 깨달음에 머물러 계시지 않았습니다. 경전에서는 악마 파순이 부처님께 그냥 열반에 드시라고 유혹합니다. 중생들이 부처님 말씀을 알

알듣지 못한다는 이유에서였습니다. 또 그들은 굳이 알려고 하지 않기 때문에 수고하지 마시라는 것입니다.

그런데 부처님께서는 어떻게 하셨습니까? 결국 중생구제에 나셨습니다. 예수도 공자도 모두 개인의 성취에 머물지 않았습니다. 세상의 본질을 알면 세상으로 나아가게 되어 있습니다.

장자는 말합니다.

"지극함에 이른 사람은 내가 없고, 신비로운 사람은 내가 뭘 이뤘다는 생각도 없고, 성인은 이름조차도 없다.(지인무기, 신인무공, 성인무명至人無己, 神人無功, 聖人無名)"

내 의식과 의지로 사는 것이 아니라 나를 필요로 하는 힘으로 성인은 존재합니다. 종교의 궁극은 구원과 교화에 있습니다. 따라서 중생이 사는 세계로 돌아오지 않을 수 없습니다. 삶은 고달프고 항상 부족한 것이라서 이런 초월적인 성인의 가르침이 필요하지 않은 때가 없습니다.

우리가 부처님의 경전을 이해하고 몸으로 익히기 위해서는 반복의 의미를 깊이 이해해야 합니다. 수행은 어떤 의미에서 보면 몸을 닦는 데 있습니다. 왜냐하면 몸은 습관적으로 우리의 의지와는 상관없이 저절로 움직입니다. 아침에 눈뜨면 텔레비전 귀신이 자신을 봐달라고 유혹합니다. 냉장고 귀신은 계속 먹으라고 합니다. 싸움 귀신은 누구하고나 시비를 걸라하고, 쇼핑 귀신은 밖에 나가자고 졸라댑니다. 이 밖으로의 유혹을 어지간해서는 이겨내지 못합니다. 수행은 몸을 익히는 것입니다.

저는 경전 공부에 동화적인 방식을 권합니다.
동화의 이야기 전개방식은 같은 질문과 같은 답이 반복되면서 그 의미를 깨닫도록 유도합니다. 예를 들면, 일본의 가장 유명한 민담인《복숭아 동자》가 있습니다. 내용은 이렇습니다.
할머니는 강가에서 탐스런 복숭아 하나를 가지고 집으로 돌아옵니다. 목마른 할아버지를 위해 복숭아를 쪼개려고 하자, 그 안에서 사내아이 하나가 쑥 나왔습니다. 할아버지와 할머니는 사내아이를 복숭아 동자라고 이름 짓고 키우는데, 복숭아 동자는 씩씩하고 우람하게 성장을 합니다. 그러다가 마을의 골칫거리인 도깨비 소식을 듣고 물리치러 떠나게 됩니다. 동자는 차례로 꿩, 원숭이, 개를 만납니다. 이 셋은 동자의 허리에 차고 있는 음식냄새를 맡고 달라고 하는 내용이 같은 말로 반복됩니다.
"동자님, 동자님. 허리에 차고 있는 것이 무엇인가요?"
"이것은 아주 맛있는 떡이다."
"저에게 하나만 주실래요?"
"안 돼, 도깨비 섬에 가는 중인데 배고플 때 먹어야 해. 너도 함께 간다면 모를까."
"그럼 갈게요. 동자님과 같이 가겠습니다."
이렇게 말하고는 떡을 얻어먹습니다."
꿩과 원숭이와 개는 같은 대화를 합니다. 어른들은 금방 지루해하지만 아이들은 반복되는 과정 속에서 이야기를 기억하고 교훈을 새기게 됩니다다. 이렇게 새겨진 이야기는 비슷한 이야기가 있다면 연상 작용을 함으로써 상상력을 더욱 불러일으키는 효과가 있습니다. 이야기의 반복이라는 장치는 이런 의도가 있기 때문에 경전에서 같은 내용이 똑같이 반복되는 것을 재미없게 보면 안 됩니다. 그래서 아무리 반복될지라도 똑같은 기분과 음성으로 소리 내어 독경해야 합니다. 이것이 인도의 독특한 기억방법이기도 합니다.

경전을 볼 때는 아름다운 상상력과 감수성을 발휘해야 합니다. 신도들에게 경전이나 선사스님들의 어록을 설법할 때는 이런 풍부한 감수성을 느낄 수 있도록 유도해야 합니다. 그러기 위해서는 설법하는 법사 스스로 풍부하게 해석할 수 있는 소양을 갖춰야 합니다. 스스로에게 감동이 없는 말과 글은 타인에게도 공허할 수밖에 없습니다.

중세의 이슬람 신비주의자인 잘랄루딘 루미는 말합니다.

"모든 식물과 동물의 마음 깊은 곳에는 떨리는 욕망이 있다."

모든 동식물들은 자신의 종족을 보존하고 퍼트려 줄 존재를 갈구합니다. 이들은 자기 자신을 온전히 타자 속에서 상실할 수 있기에 자신을 초월할 힘을 동시에 가집니다. 우주적인 모든 생명체의 공통된 선언이자 염원은 '당신 안에 내가 존재하겠다' 는 것입니다.

진리의 사람은 말과 생각 너머 영혼의 신비의 영역에 살아갑니다. 사랑의 신비주의자들은 자신의 진리적 경험을 '사랑', '자비' 로 표현합니다.

이것은 지극히 달콤한 에로스적 표현입니다. 서로가 서로에게 귀의하고, 상대 속에서 나를 잊습니다. 진실한 헌신과 종교적 사랑은 어떤 대상을 만나든 절대적으로 귀의하고 상대의 뜻으로만 살아갑니다. 뭔가를 얻고 소유해야만 행복하다고 느끼는 중생들의 삶과는 본질적으로 다릅니다. 유혹과 방황과 버림과 욕망과 좌절, 그 모든 형태의 사랑을 절대자의 사랑이라는 지붕 밑으로 끌어 모아 하나로 묶는 사랑의 일생입니다.

"이 달콤한 사랑의 끈보다 더 너를 신의 곁으로 이끌고, 신을 네 것으로 만들게 하는 것은 없다"는 마이스터 엑크하르트의 말이 참으로 절절합니다.

아무리 오래 의지하고 바쳐도 더욱 좋고 즐거운 삶은 보살의 삶입니다.

"내가 춤 춘 건 아무도 뺏어가지 못한다"는 스페인 속담이 있습니다. 춤은 몸으로 보여주는 사랑입니다. 내가 자랄 적, 여름의 시골에는 반딧불이 전력의 보충 없이도 밤새 불을 달고 다녔고, 나는 황홀하게 지켜보기도 했습니다. 이 매혹적인 반딧불의 비행처럼 우리의 일거수일투족이 하나의 춤이 되려면 우린 사랑을 알아야 합니다. 나 혼자만의 즐거움은 아주 보잘 것 없습니다. 이 사랑이 물결처럼 퍼져나가야 세상을 울립니다.

여름의 절정에서 막바지 폭염이 불을 품던 날, 난 생명의 경이로움에 눈을 떴습니다. 우리 절에는 노지에 세워진 약사 삼존불이 있습니다. 신도들이 참배하도록 바닥은 화강암 바닥으로 되어 있습니다. 겨울을 제외하고는 온실의 화초를 대부분 밖에 내어 놓기 때문에 약사전에는 갖가지 화분이 빈틈없이 나와 있습니다. 더위로부터 화초를 별 탈 없이 지켜내기 위해서는 더운 날은 하루 몇 차례고 물을 뿌려줘야 합니다. 이런 때는 화분에서 넘쳐난 물이 바닥에 고여 있기 마련입니다. 그런데 이날은 얼마나 더웠던지 수곽에는 산비둘기들이 자리를 잡고 앉아 물속을 드나들며 더위를 식히고 있었습니다. 문제는 올 여름을 처음 날 것 같은 어린 참새였습니다. 덩치 큰 새도 그렇고 수곽에 담겨진 물은 감당하기 어려웠을 것입니다. 이 아기 참새는 대신 바닥의 고인 물에 몇 차례고 날아들며 가슴 털을 적시는 것이었습니다. 풀벌레 소리에 잠을 깬 깊은 밤에도 문득 참새 생각에 '이제 좋은 계절이 왔다'며 참새를 축복하고 싶었습니다.

우리의 자비심을 기다리는 생명들이 천지에 넘쳐납니다. 귀찮은 생각을 이겨내지 못하면 개인의 삶도 불교의 중흥도 없습니다. 우린 기꺼이 어려운 길을 나서야 합니다. 이것이 〈보현행원품〉을 배운 공덕입니다.

삼각산 일로향실에서
보경 합장

원하고 행하니 이루어지더라
보경 스님의 〈보현행원품〉 강의

초판 1쇄 인쇄   2012년 3월 15일
초판 1쇄 발행   2012년 3월 20일

지은이   보경 스님
펴낸이   이규만
펴낸곳   불교시대사

교정   임동민
편집   김형조

출판등록일   1991년 3월 20일 제1-1188호
주소   (우)110-320 서울 종로구 삼일대로30길 21, 1020호
전화   (02)730-2500, 725-2800
팩스   (02)723-5961

ⓒ 보경, 2012

ISBN 978-89-8002-131-4 93220

※ 잘못된 책은 바꿔 드립니다.
※ 값은 책 뒷면에 있습니다.

· 이 책의 수익금 1%는 나눔의 기금으로 쓰입니다.